DE VOLTA À ESSÊNCIA

RETORNANDO AO FUNDAMENTO DA ADORAÇÃO E DE UMA VIDA DE DEVOÇÃO RADICAL

JEREMY RIDDLE

Editora Quatro Ventos
Avenida Pirajussara, 5171
(11) 99232-4832

Diretor executivo: Raphael T. L. Koga
Editora-chefe: Sarah Lucchini

Tradução: Mara Eduarda Garro

Coordenação de produção: Rebecca Gomes

Equipe editorial: Mara Eduarda Garro
Paula de Luna
Hudson M. P. Brasileiro
Isabela Bortoliero
Natália Ramos Martim

Revisão: Paulo Oliveira

Diagramação: Vivian de Luna
Coordenação de projeto gráfico: Ariela Lira
Projeto gráfico e capa: Vinícius Lira

Todos os direitos deste livro são reservados pela Editora Quatro Ventos.

Proibida a reprodução por quaisquer meios, salvo em breves citações, com indicação da fonte.

Todas as citações bíblicas e de terceiros foram adaptadas segundo o Acordo Ortográfico da Língua Portuguesa, assinado em 1990, em vigor desde janeiro de 2009.

Todo o conteúdo aqui publicado é de inteira responsabilidade do autor.

Todas as citações bíblicas foram extraídas da Nova Almeida Atualizada, salvo indicação em contrário.

Citações extraídas do *site https://www.bibliaonline.com.br/naa*. Acesso em outubro de 2021.

© Copyright 2020 por Jeremy Riddle
Publicado por Wholehearted Publishing, Anaheim, Califórnia. Direitos de tradução e publicação cedidos à Editora Quatro Ventos, São Paulo.

1ª Edição: novembro 2021
3ª Reimpressão: setembro 2023
4ª Reimpressão: junho 2025

Ficha catalográfica elaborada por Janaina Ramos – CRB-8/9166

R543 Riddle, Jeremy

De volta à essência: retornando ao fundamento da adoração e de uma vida de devoção radical / Jeremy Riddle; Mara Eduarda Garro (Tradução). – São Paulo: Quatro Ventos, 2021. Título original: The reset
172 p.; 14 X 21 cm

ISBN: 978-65-89806-28-8

1. Cristianismo. 2. Adoração. 3. Essência. I. Riddle, Jeremy.
II. Garro, Mara Eduarda (Tradução). III. Título.
I. Cristianismo   CDD 230

SUMÁRIO

INTRODUÇÃO **13**

01 RESTAURANDO A ADORAÇÃO **19**

02 O PODER DA PUREZA **33**

03 AS QUATRO MARCAS DE UM REFORMADOR DA ADORAÇÃO .. **49**

04 TORNANDO-SE ÍNTEGRO DE CORAÇÃO **67**

05 A TERRA DOS SEUS SONHOS **83**

06 NASCIDOS DO ESPÍRITO **93**

07 A VERDADE IMPORTA **107**

08 UM ODRE NOVO **123**

09 ITENS DE REFORMA **137**

10 O FUTURO **155**

11 VOLTANDO **163**

DEDICATÓRIA

Aos meus filhos, Rebekah, Levi, Faith, Claire e Joseph. Que cada um de vocês tome para si este encargo e o leve adiante, queimando de amor pelo Senhor. Que vocês carreguem um zelo ainda maior do que o meu pela pureza da adoração e defendam o nome de Jesus nas nações. Eu amo muito vocês.

À minha esposa, Katie. Seu amor e sua amizade purificaram, afinaram, refinaram e construíram o homem que eu sou hoje. Este livro não existiria sem você. Eu amo você.

À minha mãe e ao meu pai, Deborah e Edwin. Vocês construíram uma fundação de pureza e adoração em minha vida que é, de fato, forte e linda. Estou bem feliz por podermos trabalhar neste projeto juntos e o vermos cruzar a linha de chegada. Obrigado.

Aos meus líderes e amigos, Alan e Kathryn Scott. A vida de vocês, devota à santidade e à sabedoria, me transformou. Este livro seria muito menos rico e até fraco sem a parceria e supervisão de vocês. Obrigado.

Aos meus amigos e colaboradores, Jen Miskov e Kieran De la Harpe. Vocês foram mais do que editores, uma vez que moldaram e contribuíram com este projeto. Sou profundamente grato ao amoroso trabalho que fizeram! Obrigado.

Aos meus irmãos brasileiros e amigos, Cristiano Rede e Mateus Mainhard. Obrigado por todo empenho para resolver questões administrativas, editar e gravar conteúdo para viabilizar o desenvolvimento deste livro. Também agradeço o encorajamento profético que me dedicaram ao longo deste percurso. Finalmente terminamos! Obrigado.

PREFÁCIO

O que você tem em mãos não é apenas um livro, mas um manifesto; um chamado urgente para restabelecer e restaurar a adoração em nossos dias.

Isso nunca foi tão necessário.

Este é um tempo em que Deus sofre por conta das condições em que Sua Igreja se encontra. O quebrantamento foi substituído pela celebração, as plataformas usurpam os altares e a ganância cresce sem ser confrontada. Somos reconhecidos por nossos *jeans* rasgados, e não por nossos corações despedaçados diante do Senhor; por um bom gerenciamento de pessoas, em vez de uma aliança entre os irmãos; por nossa reputação na Terra, e não por nossa contrição diante dos Céus.

Há muito tempo foi profetizado acerca de uma reforma que está chegando e deve acontecer. Uma devoção sincera se erguerá em toda a Terra e, com ela, o alerta de que o julgamento está sobre as nações. O nome do Senhor será glorificado. Ele será exaltado em todo o mundo.

Este livro não é para os fracos. Trata-se de algo sério.

Jeremy escreve da mesma forma que adora: com habilidade e zelo, com honra e o fogo do Espírito Santo, intensidade e humildade. Ele é íntegro e enérgico, desafiador, mas, ao mesmo tempo, convidativo. Sua caneta é como uma espada de cura, que corta fora os impostores que ocupam nosso coração e tudo que tenta rivalizar com a glória de Deus. De forma articulada, incisiva e apaixonada, Jeremy nos lembra da consagração, aquilo que, de fato, traz profundidade às nossas celebrações; bem como da entrega, a qual fortalece nossas canções. Ele escreve com a revelação, a humildade e a paixão de alguém que carrega, em seu coração, uma expectativa pelo Reino dos Céus.

Embora este livro seja sobre um *reset*, não é fruto de uma desilusão ou desapontamento. Trata-se de um incômodo santo, um desejo elaborado e derramado sobre estas páginas. É o lamento por algo precioso e vital que foi perdido.

E foi.

Nós trocamos o que é sagrado pela notoriedade, o que é nosso por direito, por uma marca. O som da adoração substituiu a ferida da aliança. Nossas expressões são maiores do que nossas afeições. Nós dizemos que entregamos nossos corações ao Senhor, mas o que lhe damos são nossas agendas. Estamos quebrados e falidos, mas somos orgulhosos demais para admitir nossa condição.

Perdemos algo vital, mas não perdemos tudo.

Esta é a alegria do *De volta à essência*. Cheio de esperança, Jeremy nos convoca a realinharmos nossas almas, assim como nossos cultos e estruturas, conforme o coração do Pai. Ele questiona algumas de nossas prioridades e práticas. E fomenta uma ruptura, ao nos chamar para reformar a adoração.

Redefinir a adoração inclui a derrubada de suas práticas atualmente populares. E isso ofende sua "indústria", mas alegra aqueles que valorizam a aliança com o Senhor acima do comércio. Joga fora tudo o que não está de acordo com o coração do Pai e tira a adoração do foco horizontal, tornando-o vertical. É removida toda plataforma humana; todo o esforço pela popularidade; todo ídolo de autopromoção. E até o ato de usar o ministério para enriquecer, ser notado, ou para aumentar a própria visibilidade, também é destituído. Toda exploração às pessoas, a fim de realizar os próprios sonhos, retirada. E a negligência aos pobres e a busca por amizade com os poderosos também são colocados para fora. A limpeza dos templos nunca foi tão necessária.

A ideia de que Jesus ficaria impressionado com o que construímos para torná-lO famoso ou de que Ele manteria nossos modelos de adoração intactos é vã. Somos tímidos demais para derrubar o templo, e muito medrosos para enfrentar os excessos. Nós permitimos que algumas coisas permaneçam, mas aquilo que o Espírito nos move a derrubar deve cair de vez; todos os edifícios construídos a fim de nos gloriarmos, nascidos de nosso ego, e não de Seu Espírito, têm de ruir.

A limpeza de nossos templos modernos já começou. E continuará ainda mais rapidamente. Deus tem levantado uma nova geração de adoradores, que estão mais focados em construir um altar do que em mudar sua condição de vida. Eles dedicaram seus corações a um só amor e não podem nem irão voltar atrás. São aqueles que não desistem e carregam o solo da rendição. Este é o momento deles.

Sou grato ao Jeremy por sua convicção e coragem para liderar o ataque. Este livro é tocante e poderoso, pastoral e profético. Que ele leve você a uma adoração autêntica na Terra, livre de remorso e vergonha. Que o Senhor o use para incomodar os que se perderam, para reacender aqueles cujos corações se esfriaram e para reavivar todos os que têm fome e sede.

ALAN SCOTT
Pastor sênior da Vineyard Anaheim

INTRODUÇÃO

Escrevo este livro para você enquanto vivo um processo no qual estou sendo quebrantado. Não fui inspirado a escrevê-lo. **Tive de fazer isso**. Escrevo em meio ao meu próprio momento de *resetar* e voltar ao Senhor com todo o meu coração.

O Senhor ordenou a Isaías:

> Grite a plenos pulmões, não se detenha! Erga a voz como a trombeta e anuncie ao meu povo a sua transgressão e à casa de Jacó, os seus pecados. (Isaías 58.1)

Eu sei que há momentos em que é importante para os líderes conterem a voz, mas também existe o tempo em que **não devemos** nos deter. Este, para mim, é o caso deste livro.

Acredito que não houve outro período na História em que a tentação para se tornar um líder de adoração pelos motivos errados tenha sido tão grande. Nunca fomos tão seduzidos a buscar glória para nós mesmos, bem como fama, seguidores, adulação, dinheiro, autossatisfação e recompensas terrenas. Essas coisas jamais cercaram e infectaram algo tão precioso como a adoração como tem acontecido atualmente. Foi justamente isso que gerou tanto pesar em mim e quase um desespero. Fora que eu mesmo fui tentado nesse sentido em minha alma.

Mas há uma esperança que me ancora. No entanto, nunca houve um momento tão propício para que uma **adoração verdadeira, pura e imaculada** se levantasse na Terra como agora. Posso senti-la brotar de lugares escondidos. Deus tem levantado aqueles que têm mãos limpas e corações puros. Quando algo falso é amplamente difundido, o que é genuíno se torna muito mais precioso, poderoso e fácil de distinguir. Aquilo que é feito por amor, e amor apenas, é puro. Descobriremos que todo o resto é apenas um ruído perante o Seu trono; todas as outras motivações e agendas, diante d'Ele, são vazias.

Escrevo este livro porque acredito que o movimento de adoração e seus líderes estão no vale da decisão, que deve ser feita rápida e efetivamente. Estamos no meio de um dos maiores despertares de adoração em toda a História. Mas me pergunto: **como temos gerenciado isso?** Como temos respondido ao poderoso sopro de Deus sobre Sua noiva, que a tem despertado para que volte a adorá-lO maravilhada? **Temos desperdiçado este momento?** Ou será que temos simplesmente aproveitado para desenvolver nossas carreiras de compositores e líderes de adoração profissionais, enquanto nosso *status* de "celebridade" recém-descoberta cresce dentro da bolha *gospel*?

Permita-me perguntar: quantos de nós adentramos esta área para seguir carreira? Ou para liderar momentos superficiais de adoração, baseados em *performance*, dos quais sabemos exatamente a fórmula para fazer acontecer, mais até do que conhecemos Sua presença? Algum de nós será capaz de **sair disso?** E quero dizer, literalmente, **sair**. Abandonar. Deixar para trás. Separar-se. Pararemos de jogar os jogos da música *gospel*, seguindo cegamente as tendências das igrejas e escrevendo canções que atendam às necessidades e anseios perceptíveis em nosso nicho cristão, na esperança de obter grandes lucros com um *hit* de sucesso? Será que algum dia buscaremos recuperar aquela verdadeira veia profética em nossas composições e ao liderar adoração? Deixaremos de lado nossas fórmulas e clamaremos por um verdadeiro empoderamento do Espírito Santo em nossas vidas novamente?

Caro leitor, eu também fui tentado, provado, pego e cegado por muitas dessas armadilhas. Não estou julgando, mas simplesmente implorando para reconhecermos a soberana mão de Deus, que está se movendo nesta hora. E, com temor e tremor, **consagrarmos nossas vidas outra vez** — nossos dons, plataformas e favor — para vermos um despertamento e liberação de Sua glória, ainda maiores, sobre a Terra. Renderemos nossas vidas por completo outra vez? Vamos nos arrepender com sinceridade e retornar à pureza com a qual começamos? Abandonaremos as ambições tolas e terrenas, que atualmente são abundantes em nosso meio e se disfarçam de espiritualidade? Responderemos ao Seu mover, limpando nossas casas e purgando as câmaras internas de nossos templos, removendo tudo o que corrompeu e poluiu o primeiro amor?

Tenho de fazer este apelo. Devemos realinhar nossas vidas e ministérios ao padrão das Escrituras, em vez da atual cultura de "adoração" que normalizou a corrupção. Se escolhermos viver nos comparando ao nosso ambiente atual — simplesmente imitando o que se tornou usual e aceitável entre igrejas, ministérios e líderes de adoração, compositores, músicos e gravadoras — em vez de seguirmos o padrão da Palavra, corremos o grande perigo de escarnecer e idolatrar justamente aquilo que foi feito para exaltar o nome de Jesus. De diversas maneiras, já temos feito isso, o que deveria nos gerar bastante pesar. Como Matt Redman escreveu, de modo tão pungente: "Perdão, Senhor, por aquilo que fiz (adoração), quando é tudo sobre Você. É tudo sobre Você, Jesus".[1] Se isso era verdade há mais de vinte anos, é ainda mais real hoje.

---

[1] THE HEART of worship. Intérprete: Matt Redman. Compositor: Matt Redman. *In*: REDMAN, Matt. **The heart of worship**. Compositor: Matt Redman. EUA: Thankyou Music Ltd., 1999 (5 min.). Disponível em *https://www.youtube.com/watch?v=OD4tB1o6YLw&ab_channel=MattRedmanVEVO*. Acesso em julho de 2021.

Sinto, dentro de mim, um fardo e uma dor crescendo constantemente por esta nova geração. Quando somos jovens, a primeira forma de aprendermos acerca do perigo de algo é por meio da resposta emotiva de nossos pais ou dos mais velhos, com aquele tom agudo e alarmante em sua voz. Muitos viram isso acontecer. Você está em uma reunião, na qual jovens famílias estão circulando e há um burburinho por todo lado. Então, uma criança, em sua completa inocência e curiosidade, se aproxima de uma chama quente. De repente, a voz de seus pais estala como um chicote sobre todo o barulho: "**NÃO! Não toque nisso!**". A criança congela imediatamente em estado de choque. Os olhos esbugalhados de medo sobressaem em sua expressão, e chega até a se debulhar em lágrimas, por conta da severa repreensão. Ela pode não ter compreendido completamente a intensidade do grito de seus pais, **mas nunca mais voltará a ver o fogo da mesma maneira**. Foi marcada, para sempre, pelo nível da resposta emocional de seus responsáveis.

Sei que alguns não entenderão a minha intensidade, em certos momentos, nos capítulos a seguir, mas eu sinto que devo deixar esta marca. Prefiro arriscar ser mal interpretado a permanecer em silêncio, enquanto um ministério que tanto amo segue por um caminho destrutivo.

No campo da Medicina, o que geralmente aparenta ser um tratamento "severo" é apenas um médico aplicando a força necessária para curar uma lesão. Um osso quebrado, que nunca foi devidamente sarado, deve ser quebrado outra vez a fim de se recompor. Caso contrário, a pessoa permaneceria aleijada para sempre. Isso também é verdade no âmbito espiritual. Há mais do que apenas alguns "ossos quebrados" que estão "aleijando", de modo profundo, o ministério de adoração; e eles devem ser restaurados. Um curativo pode parecer a resposta mais piedosa para um ferimento, mas não é capaz de curar uma fratura.

Desejo intensamente ver a restauração do tabernáculo da adoração, e seu coração voltar a pulsar. Espero testemunhar a Igreja adoradora ser guiada não apenas ao arrependimento e à reforma, **mas à glória de Deus**. Ela foi feita para esse lugar, onde se torna bonita e radiante. É onde a Noiva floresce e produz toda boa obra. É na glória que ela passa a se tornar, pensar e agir como Ele.

Meu maior anseio para você, enquanto lê este livro, é que Jesus Se torne seu único e mais devastador desejo. Oro para que, se há algo competindo ou até obtendo vantagem sobre seu anseio por Ele, e se existe algum lugar em seu coração onde outras coisas começam a seduzir e "deslumbrar" você, esta leitura proporcione um *reset* divino em seu interior. Eu oro ainda para que esta jornada seja o início de um novo capítulo em sua vida, marcado por uma imensa pureza e poder.

CAPÍTULO 01

RESTAURANDO A ADORAÇÃO

Onde quer que Deus seja adorado em espírito e em verdade, Seu reino é estabelecido, Sua liberdade governa e as obras do Diabo são derrotadas. O louvor puro sempre foi uma arma de destruição em massa ao reino das trevas. É por isso que Satanás, o inimigo jurado de Deus, odeia a canção dos redimidos e os louvores ao Cordeiro mais do que qualquer outro som na Terra. Como ele é um assassino, ladrão e destruidor (cf. João 10.10), sempre esteve determinado a arruinar o movimento de adoração desde antes que este tivesse uma chance de amadurecer. O Maligno já sabia, anteriormente a nós, acerca do imenso poder destrutivo que a verdadeira adoração tem sobre a escuridão. E nós, pensando que apenas entoávamos simples canções de amor a Jesus, nos tornamos quase alheios ao fato de que, na verdade, ao louvá-lO, estávamos, simultaneamente, assolando os portões do Inferno.

Contudo, nosso Inimigo foi paciente e astuto. E, no momento, é muito bem-sucedido em sua missão de destruir a pureza da adoração. O pior é que nós o temos acompanhado. Às vezes, até entramos em parceria com ele. Sempre que permitimos que idolatria, humanismo, orgulho, falsidade, heresia, fama, autoindulgência, libertinagem, sensualidade e tantas outros meios do mundanismo e da maldade desfilem por aí, desinibidos, em nossas casas de adoração, **colaboramos com sua obra devastadora**.

O novo movimento de adoração pode ter uma aparência melhor e soar mais atrativo do que o antigo. Mas, de modo geral, é apenas uma sombra da pureza, do poder e da unção anteriores. O som é alto. As personalidades são conhecidas. Os palcos são bem iluminados. As multidões costumam estar sempre entusiasmadas.

Porém, muito frequentemente, tudo que consigo ouvir é um ruído. Tudo que sinto é lamento.

Lamento por minha própria falta de atenção.

Lamento por todas as vezes em que contribuí com esse ruído.

Lamento pela minha cooperação para que chegássemos a este ponto.

Lamento pelas situações em que me calei para manter a paz.

Lamento por cada vez em que senti um incômodo em meu espírito, mas o ignorei e apenas segui a multidão.

Em meu lamento, encontro meu coração clamando: "Oh, cadê o som da pureza na adoração, e o barulho de corações livres de agendas autoindulgentes, totalmente extasiados com Ele? Onde está aquela doce e espessa unção? Oh, onde está Você, Espírito Santo, com Sua presença preciosa? Para onde foi? Em que lugar a perdemos? COMO chegamos a este ponto?".

Mas, sobretudo, me questiono:

Podemos recuperá-la?

Pergunto: é possível recuperar a pureza deste lindo dom, que chamamos de adoração? Conseguimos tomá-la de volta das mãos de seu destruidor e vê-la restaurada, não apenas a seu esplendor anterior, mas a um muito maior do que JAMAIS vimos ser manifestado na Terra, para a realidade e veracidade da **Sua glória**?

Não estaria escrevendo esta obra se não acreditasse que somos capazes de fazer isso.

UM POUCO DA HISTÓRIA DA ADORAÇÃO

Vivemos em um tempo de sonhos realizados. Ao longo dos últimos sessenta anos, vimos o movimento de adoração se expandir e crescer como nunca. Atualmente, há mais canções sendo escritas e projetos lançados, mais bandas tocando e líderes de adoração ministrando do que em qualquer outro momento da História. A geração anterior à nossa **ansiou por este dia**. Eles sonharam com um grande avivamento de louvor na Igreja. O seu panorama era bem diferente do nosso. A adoração estava quase morta; envolta em religiosidade e vazio. Faltava vibração, coração e liberdade. O profeta A. W. Tozer disse: "A adoração era a joia perdida do evangelismo moderno".[1] E isso era verdade.

A geração anterior começou a sonhar com o dia em que essa prática voltaria a ter um lugar central na Igreja. Eles oraram, batalharam e trabalharam por isso. Eram tantos bloqueios e oposições. Um grande preço que os pioneiros têm de pagar. E nós achamos que somos perseguidos agora? Foram eles que, meticulosamente, precisaram dissociar o estilo musical *Rock-and-roll* do "reino de Satanás". Antes, todos conheciam o *Rock* como "a música do Diabo". Era quase impossível para os mais

---

[1] TOZER, A. W. **The best of A. W. Tozer**, *apud Making New Discoveries*. Anaheim, CA (EUA): Insight for Living, 1996, 29. Veja também: TOZER, A. W. **Worship**: the missing jewel of the Evangelical Church. EUA: Christian Publications, 1971.

antigos ver baixos, guitarras e baterias como algo que não é "satânico". Pode ter sido mais fácil com o violão, mas dissociar a guitarra elétrica do "império demoníaco" era outra história. Provavelmente, nunca saberemos quanto lhes custou realizar essa mudança lenta e árdua. Eu falo tudo isso com um pouco de ironia, mas as lutas que eles enfrentaram foram bem **reais**.

Ainda nem chegamos ao ponto de mencionar o estilo de roupa moderno e os cabelos longos em homens. Essa foi outra luta. De fato, temos de nos maravilhar. Agora, um guitarrista pode simplesmente entrar no palco de uma igreja com suas botas de pele de cobra, tatuagens, anéis, colares, parecendo que acabou de tocar em um *show* dos Rolling Stones, **e ninguém pestaneja**. Isso é incrível. A geração anterior dificilmente poderia acreditar que um tempo de tanta liberdade, como temos hoje, realmente chegaria. E nós lhes devemos isso. Foram eles que lutaram e sangraram para conquistar o que temos agora como realidade cotidiana. Eles, literalmente, **batalharam** por nossa autonomia.

Algo curioso sobre a liberdade é que é muito mais complexo navegar com ela do que conforme um sistema legalista, no qual está muito claro o que pode ou não ser feito. Uma coisa é seguir por um caminho estreito com barreiras de proteção bem rígidas; outra, bem diferente, é percorrer uma extensão vasta de deserto inexplorado. Eu, pelo menos, sou muito grato por tudo o que podemos fazer hoje e não quero que o pêndulo balance de volta ao legalismo do passado, **nunca mais**.

Porém, há algo que devemos compreender.
A geração que nos antecedeu não combateu o bom combate para que nos tornássemos celebridades *gospel*, escrevêssemos *hits*, fizéssemos *tours* pelo mundo e vivêssemos como os ricos e famosos. NÃO. Estou convicto de que não era isso o que imaginaram.

Eles lutaram por esta liberdade para que pudéssemos quebrar os nossos frascos, derramar **livremente** a fragrância do nosso amor e adoração aos pés de Jesus.[2] E para que conseguíssemos fazer isso por meio de todos os estilos musicais, expressões físicas, emocionais e artísticas pelos quais nossos corações ardem, sem que houvesse vergonha ou obstáculos.

É isso o que devemos recuperar. Acredito que a geração anterior à nossa sabia o que estava em jogo. Ela não lutava simplesmente pela liberdade de suas próprias expressões artísticas, mas pelos sucessores que viriam. Se tivesse optado por deixar a adoração seguir mergulhada em religiosidade e limitada por ela, em vez de encarar esta luta por nós, uma geração inteira de líderes nunca teria surgido. Seu propósito e missão já nasceriam mortos.

Acredito que eu mesmo seria um desses líderes natimortos; provavelmente, estaria tentando construir uma carreira bem-sucedida como advogado em algum lugar

---

[2] N. T.: Neste trecho, o autor refere-se à atitude de Maria descrita em Marcos 14.3, quando ela quebrou um frasco de perfume caro aos pés de Jesus. Tal atitude é tida, por muitos, como um ato de adoração extravagante.

de Nova Jersey, totalmente inconsciente do que havia para minha vida no campo da adoração. Se não fosse por pioneiros como Randy Stonehill, Larry Norman, Keith Green, meus pais e, depois, precursores da adoração, como Kevin Prosch e Delirious, essa parte do meu coração e chamado nunca teriam sido despertos.

Querido leitor, o mesmo é válido para nós. Como meu amigo Ray Hughes[3] disse em certa ocasião: "Você não faz parte de um plano de cinco anos apenas, mas de um projeto geracional". Chegou a nossa vez de combater o bom combate da fé (cf. 2 Timóteo 4.7). Há uma guerra sendo travada, agora mesmo, pela próxima geração, e podemos determinar se ela irá "despertar" para seus chamados e destinos divinos, por causa do brilho resplandecente de nossa paixão por Jesus, ou se sucumbirá a outras atividades, uma vez que nós preferimos nos ater aos compromissos e ambições terrenas.

Se persistirmos no caminho em que estamos hoje, não apenas desperdiçaremos o território de liberdade pelo qual nossos pais e mães lutaram por nós, mas também silenciaremos toda uma geração de adoradores, os quais fomos designados a despertar.

---

[3] N. E.: Ray Hughes é um cristão que, por mais de 40 anos, viajou o mundo como autor, contador de histórias, poeta e compositor. Atualmente, ele mora no Alabama e é diretor da Red River Turning Company. Veja mais em *https://www.redriverturning.com/about/*. Acesso em julho de 2021.

O PLANO MALIGNO

Uma das piores coisas que podemos fazer é exaltar o poder de Satanás. A segunda é sermos ignorantes sobre ele. Paulo destacou isso em 2 Coríntios 2.11, ao dizer: "para que Satanás não alcance vantagem sobre nós, pois não ignoramos quais são as intenções dele". Quando nos mantemos ingênuos quanto aos desígnios do Diabo, ele facilmente obtém vantagem sobre nós.

A realidade é que vivemos em meio a uma batalha espiritual. Pode ser que você não goste disso, mas, de qualquer forma, é a verdade. Em uma zona de guerra, não há terreno neutro. Algo ou alguém sempre está tentando tirar-nos da luta, roubar nosso legado, destino, nossa fé e pureza. Não podemos nos dar ao luxo de ignorar os cemitérios ministeriais pelos quais passamos; campos de guerra cheios de corpos, sepulturas sem rótulos e nomes que o mundo há muito esqueceu, porque seus destinos foram interrompidos. Estamos vivendo um combate espiritual e, embora não o travemos contra carne e sangue (cf. Efésios 6.12), as baixas não deixam de ser reais. Alguns deles até foram meus amigos.

Você tem consciência de que foi criado para carregar a glória, eterna e sagrada? Paulo nos diz, em 2 Coríntios 4.17, que estamos em preparação para "[...] um eterno peso de glória, acima de toda comparação". Agora mesmo, somos convidados pelo Senhor de tudo para sermos filhos e filhas **cheios de Sua glória** e irradiar Sua presença divina.

Muitas vezes, ao liderar adoração, senti Sua glória vir sobre mim. E houve outras em que ela simplesmente permaneceu ali, muito tempo depois que havia terminado o *set*. A presença manifesta de Deus repousava sobre mim como um convite constante para morar naquele lugar. Só de lembrar das vezes em que isso aconteceu, sou inundado por um desejo angustiado de mais d'Ele. Simplesmente, **nada** se compara a isso.

Entretanto, o Inimigo tenta seduzir uma geração inteira a buscar a versão falsificada dessa realidade, que é **tornar-se uma celebridade, em vez de uma pessoa que carrega a glória**. Ainda mais obscuro que isso, ele convence uma geração a **capitalizar** a glória de Deus como um meio para esse fim.

O Diabo ama falsificar o que é verdadeiro. Ele adora persuadir as pessoas para que entrem em parceria com suas obras desmoralizantes, apresentando, de forma astuta, meias-verdades. E nós continuamos sendo cativados com bastante facilidade. O ídolo da influência está arruinando a Igreja em nosso tempo; e nós, assim como o restante do mundo, buscamos por ele incessantemente.

Dentro e fora da Igreja, contas de Instagram com centenas de milhares de seguidores se tornam uma espécie de moeda de troca nos dias de hoje. Mas preste atenção no que vou dizer: um perfil em redes sociais com centenas de milhares de inscritos não passa de um prato barato de ensopado, se comparado ao **direito da**

primogenitura da glória dos Céus pousando sobre sua vida.[4] Não seja tolo de trocar um pelo outro.

A sedução pela influência não é a única tática do Maligno. Aqueles que ele não pode levar à busca de se tornar uma celebridade, encaminha-os à desilusão, decepção, ofensa e, finalmente, ao **desengajamento**. Muitos já se retiraram ou foram removidos do exercício de liderar adoração por esse motivo. Conheci pessoas preciosas, que carregavam uma unção tremenda nesta área, mas abandonaram o posto porque simplesmente não conseguiram superar as feridas e a rejeição ou não tinham estômago para os jogos políticos das igrejas. Meu coração ainda está partido por elas.

Porém, continuo sendo um prisioneiro da esperança. Eu creio que esse quadro pode mudar. Acredito que NÓS somos capazes de transformá-lo. Mais do que isso, estou convencido de que **devemos** fazer isso. Não podemos nos dar ao luxo de nos esconder novamente, não há espaço para falharmos. Há muito em jogo.

É necessário tirar o trono do entretenimento da Igreja. **Precisamos** remover do poder o espírito de *performance*, o qual é nascido da carne. **Temos** de destronar o desejo por influência e fama na liderança; a "cultura de adoração às celebridades" do mundo ocidental, partilhada entre tantas nações, as quais tropeçam na mesma

---

[4] N. T.: O autor faz menção ao que ocorreu entre os irmãos Esaú e Jacó, conforme a Palavra descreve em Gênesis 25.29-34, quando o mais velho vendeu seu direito de primogenitura ao mais novo por um prato de ensopado.

idolatria. Ai de nós se permanecermos desta forma, sem fazer nada a respeito disso! **Necessitamos** retirar o trono da ambição egoísta. Ele deve sair de nossos corações, bem como de nossos palcos e pódios. Permiti-lo, mesmo na menor escala, é maléfico. A Palavra, em Tiago 3.16, expõe a custosa consequência disso:

> [...] Onde há inveja e ambição egoísta, aí há confusão e toda espécie de males. (Tiago 3.16 – NVI)

A missão que arde em meu coração é contemplar a pureza da adoração ser restaurada na casa de Deus. Estou determinado a ver todos os obstáculos que se opõem a isso removidos e derrubados por terra. Também anseio por testemunhar uma geração inflexível surgir e inundar a Terra com o poderoso som da glória de Deus! Há tempos, vejo uma indústria, seja ela bem intencionada ou não, orientar as decisões, motivações, o tom, o som e a linguagem da adoração. Por um longo período, eu observo diversos líderes preciosos e ungidos serem corrompidos pelas pressões e tentações que os cercam.

Adoração não é uma indústria. Não é uma plataforma. Não é sobre ministros e projetos, canções, artistas, movimentos ou marcas novas. Também **não é um comércio**, nem um projeto de carreira, ou uma área profissional à qual podemos seguir. Adoração é a melodia de um **povo unido por uma aliança**, de pessoas prometidas a Jesus. É o som de nosso amor e devoção zelosa ao Único que é digno!

Particularmente, eu não coloco muita fé em campanhas de mídias sociais em massa ou outras tentativas amplamente difundidas para gerar mudanças. Algumas funcionaram. Mas a maioria, não. Acredito, sobretudo, no poder do Espírito Santo movendo-se por meio do comprometimento radical de alguns. Eu não apenas creio que Deus pode usar pessoas para virar a maré nas massas como **vi pessoalmente isso acontecer**. Também encontramos ocorrências desse tipo ao longo de toda a Palavra. Uma das minhas histórias favoritas do Antigo Testamento é a de Jônatas e seu escudeiro enfrentando todo um exército de inimigos, os filisteus. As palavras de fé dele, em 1 Samuel 14.6, ressoam em meus ouvidos:

> [...] Talvez o Senhor nos ajude, porque nada pode impedir o Senhor de livrar, seja com muitos ou com **poucos**. (grifo do autor)

Escrevo isso para convidar esses poucos a uma jornada de obediência e entrega radicais. Encorajo você a fazer absolutamente tudo o que estiver ao seu alcance para consertar as coisas. Eu encarrego você de reformar e reavivar o coração da adoração dentro da Igreja e se engajar nisso com toda a sua vida, amor, pureza e zelo. Você não tem ideia de como uma vida como a sua pode ser poderosa. Muito menos imagina como uma pequena comunidade é significativa nesse processo. O que é impossível para o Homem, Deus é capaz de fazer.

Acredito que, se **poucos de nós** nos arrependermos pelo que fizemos àquilo que chamamos de adoração...

Se **poucos** começarmos a nos mover no mesmo espírito de Josias, cujo zelo reformou e purificou a adoração de sua nação inteira...

Se **poucos** nos recusarmos a nos comprometer....

Então **poucos** poderemos *resetar* isso.

E com a mão de Deus sobre nós, conseguiremos.

CAPÍTULO 02

O PODER DA PUREZA

Faz um bom tempo desde que entendi a força da pureza. Com isso, posso afirmar que somente algo puro consegue ser poderoso. Alguns defenderiam que o amor é a coisa mais poderosa que existe, mas até mesmo este só tem poder na medida em que é puro. A pureza, aparentemente, pode não ser o elemento mais chamativo ou mais legal de todos, mas, quando entra em cena, domina o ambiente. Ela atinge o acorde mais intenso e carrega uma força tão extraordinária, que mal pode ser explicada. Se você pensar bem, a pureza não tem esse poder porque é arrogante ou mandatória. Não se trata de algo forçado. Ela é poderosa simplesmente porque **é**.

Muitas vezes, não sabemos quão suja certa coisa está, até que a pureza entre em cena. Você pode se considerar uma pessoa razoavelmente limpa, mas, ao vestir uma camisa branca por um dia inteiro, é bem possível que mude de ideia. Sua roupa não é vingativa ou maldosa com você, mas apresenta um fato. A pureza costuma evidenciar os pequenos detalhes, revelando tudo que foi barateado, poluído e comprometido. Repito, ela não tenta fazer algo ou alguém parecer ser mau, mas simplesmente tem o **poder de expor** a verdade. Quando se apresenta, não faz esforço algum para externar a realidade em qualquer situação.

O mesmo conceito é verdadeiro no que diz respeito à adoração pura, que sempre será a mais poderosa e irá expor todas as ofertas menos relevantes.

Mas o que fazer quando a pureza é perdida? Como retornar a ela? O caminho não é fácil. A fim de recuperar a vibração e o poder originais de algo, muitas vezes, temos de buscar sua forma natural, orgânica e crua. Em nosso caso, isso seria a adoração antes dos palcos, bandas, indústria da música *gospel*, multidões, produção, mídias sociais, álbuns, escolas, programas e todas as agendas da Igreja moderna e suas logísticas, pelas quais somos forçados a navegar. Uma das coisas mais bonitas que você descobrirá neste processo de retorno à origem é sobre o vigor da adoração. Ele não está ligado a nenhuma das armadilhas que a cercam e não é decorrente de nada que adicionamos a ela.

Você pode, por exemplo, pegar um grupo de adoradores e adicionar alguém com um violão, depois uma banda, palco, luzes, telas, imagens incríveis de grandes montanhas ao fundo, bastante fumaça, e envolvê-lo com a melhor experiência sônica que o dinheiro consegue comprar. Com isso, certamente o deixará mais audível e visualmente estimulante, **mas não o tornará mais poderoso.**

A razão disso é bem simples: **o cerne da adoração não tem nada a ver com nenhuma dessas coisas.** Ela jamais será mais poderosa por conta da quantidade de artifícios que lhe adicionamos, pois sua força nunca emergiu de sua forma; **desde o início, ela flui da presença de Deus.** E é impossível encontrar qualquer medida significativa de Sua presença sem ter pureza e santidade. Quanto mais você se afasta do que é puro, mais vazio e sem vida tudo se torna.

Muitas coisas começam na pureza, mas poucas permanecem nela até o fim. É preocupante pensar na quantidade de pessoas e movimentos que se iniciaram imaculados e perceber que poucos deles terminaram do mesmo jeito.

PUREZA E POPULARIDADE

Desejo ser bem claro quanto ao fato de que não sou contra a influência e a popularidade resultantes do favor do Senhor. Apesar disso, sei, em primeira mão, que isso tentará você como nada mais poderia fazê-lo. Se "mente vazia é a oficina do Diabo", então a fama é seu parquinho. Esta ainda é a maneira mais rápida de matar a pureza de algo. Basta torná-lo **popular**.

Então, surge a pergunta: é possível ser famoso e puro ao mesmo tempo? Alguém pode sobreviver a isso e permanecer íntegro diante de Deus? E a resposta é: sim. **Mas apenas se a pureza estiver com uma faca na garganta da popularidade, pronta para a aniquilar assim que houver um conflito de interesses.** Esse tipo de intensidade é crucial. E não estou falando apenas sobre grandes discórdias e compromissos, mas a respeito das **mais sutis**. Você jamais ganhará suas maiores batalhas sem ser diligente com as menores.

Porém, há Alguém que veio antes de nós e abriu o caminho.

Jesus era incrivelmente popular, mas nunca foi **guiado** por isso. Ele permitiu apenas que Seu Pai O direcionasse. Foi obediente a Ele nos dias em que milhares de pessoas se reuniam ao Seu redor e, deste modo, permaneceu quando a multidão O abandonou. É fácil para nós começarmos nossa jornada sendo puros, até ganharmos prestígio e, sutilmente, passarmos a servir aos nossos "seguidores", e não mais ao Senhor. Contudo, se Jesus nunca permitiu que a fama O conduzisse em Suas escolhas ou ensinamentos, nós também não podemos deixá-la nos orientar.

Suponho ainda que o Inimigo não esteja muito preocupado com nossa popularidade, mas com nosso nível de pureza. Eu não acho que, ao olhar para o *status* de celebridade que alguém tem nas redes sociais, ele "trema" de medo. Talvez seja até o contrário disso. Mas acredito que ele tema bastante a devoção total e a integridade de coração.

O POÇO DA VIDA

Ao proteger a pureza de algo, a essência de seu propósito e seu *design* original, você guarda o seu **coração**. Assim, também preserva sua vida. O famoso versículo das Escrituras, que se encontra em Provérbios 4.23, diz isso da melhor maneira:

> [...] guarde bem o seu coração, porque dele procedem as fontes da vida.

Um coração bem-guardado é a chave da vida.

Esse mesmo princípio se aplica ao coração da adoração. Se falharmos em protegê-lo com **toda a vigilância**, deixará de carregar vida e avivamento, os quais ela foi designada para trazer a nós e à Terra. De fato, parece que já estamos falhando nesse aspecto. Os ingressos para nossos eventos podem estar se esgotando facilmente, mas nossa cultura está em um declínio moral acelerado, assim como muitos que participam e ministram nesses mesmos *shows*. Isso indica que há algo muito errado. O volume de nosso som pode estar aumentando, mas as batidas do coração da adoração verdadeira estão desfalecendo.

Sendo assim, como podemos guardar sua essência com toda vigilância? Como preservaremos sua vida? É bem simples. **Nunca devemos permitir que a adoração seja sobre qualquer outra coisa senão Jesus. É preciso amar, glorificar, exaltar, honrar e ministrar ao Senhor.** Nos dias de hoje, um dos maiores perigos contra a pureza é a idolatria à própria adoração e àqueles que a lideram. Não se trata de uma tentação nova. O pensamento mais sóbrio que qualquer líder de adoração poderia ter é que o arqui-inimigo de Deus foi um de nós antes de cair.

Quando deixamos a adoração se tornar apenas uma canção, uma expressão musical, uma agenda para o crescimento da Igreja, uma marca, uma indústria, um *show*, uma necessidade pessoal de brilhar ou outro propósito egoísta, que intenta servir e agradar a nós mesmos — **qualquer coisa que não seja ministrar a Jesus** —, permitimos que a vida que ela carrega seja pisoteada.

UMA IMAGEM DE PUREZA

Dizem que uma imagem vale mais do que mil palavras, e há uma verdade nisso. Às vezes, tudo o que precisamos é visualizar o que seria, de fato, a pureza para nos recordarmos dela. Nem tudo pode ser descrito, algumas coisas devem ser testemunhadas. O Evangelho segundo Lucas nos dá uma ótima representação ao escrever acerca da prostituta que, pública e extravagantemente, adorou a Jesus em um jantar que aconteceu na casa de um fariseu:

> Um dos fariseus convidou Jesus para que fosse jantar com ele. Jesus, entrando na casa do fariseu, tomou lugar à mesa. E eis que uma mulher da cidade, pecadora, sabendo que ele estava jantando na casa do fariseu, foi até lá com um frasco feito de alabastro cheio de perfume. E, estando por detrás, aos pés de Jesus, chorando, molhava-os com as suas lágrimas e os enxugava com os próprios cabelos. Ela beijava os pés de Jesus e os ungia com o perfume. (Lucas 7.36-38)

O exemplo dessa mulher tornou-se tão conhecido, e sua história passou a ser contada com tanta frequência, que temo que seu impacto tenha sido perdido para nós. É difícil transmitir a magnitude desse momento ou o completo choque que ocorreu naquela entrega. **Foi uma grande cena**, que perturbou profundamente todos que a testemunharam. No entanto, essa troca entre Jesus e a mulher tem muito a nos ensinar sobre aquilo que comove profundamente o coração de Deus.

Quero focar em três pontos-chave que esse trecho revela acerca da pureza na adoração. Sei que, se fossem reincorporados em nossa geração, viraríamos o mundo de ponta-cabeça.

1. A ADORAÇÃO PURA NOS CUSTA

Tradicionalmente, enfatiza-se muito como era caro aquele frasco de alabastro com perfume que a mulher quebrou aos pés de Jesus. Alguns especulam que correspondia, em média, ao salário de um ano de trabalho. Mas isso não foi tudo o que ela fez. O que aconteceu ali também era um ato custoso para qualquer um que desejasse manter um grama de dignidade e respeito próprio dentro de seu contexto social.

De todas as coisas que os seres humanos protegem com mais ferocidade, creio que a autoimagem seja a vencedora. Essa mulher, porém, ignorou completamente a dela. Imagino que seu coração estivesse batendo para fora do peito de tão acelerado. Tenho certeza de que ela já imaginava que as pessoas iriam "interpretar" erroneamente suas ações e julgá-la com severidade. Contudo, simplesmente não pôde se conter. E não apenas quebrou um frasco de perfume caro aos pés d'Ele, mas também toda sua dignidade e amor-próprio.

Precisamos nos lembrar de que **mais ninguém ali entendeu** o ocorrido. Nenhuma pessoa daquele grupo de espectadores estava analisando a situação e pensando: "Sabe, isso vai inspirar muitas canções lindas de adoração futuramente". Naquela noite, ninguém postou nas redes sociais um texto do tipo: "Uau! Acabei de testemunhar um dos atos de adoração mais belos de toda a minha vida". Não havia fotos incríveis para registrar aquilo, nem citações brilhantes. Muito pelo contrário, houve apenas indignação e julgamento.

Ninguém pensou que aquela era a coisa certa a se fazer no momento. Eu repito: **ninguém**.

Ninguém **além de Jesus. Ele chegou a essa conclusão**, e foi tocado por aquela atitude. Cristo sabia o preço que ela estava pagando, conhecia a pureza de seu ato. E declarou:

> Em verdade lhes digo que, onde for pregado em todo o mundo este evangelho, também será contado o que ela fez, para memória dela. (Mateus 26.13)

Pare por um instante.

Você consegue imaginar **quão chocante** deve ter sido para todas aquelas pessoas ao redor do Mestre ouvi-lO dizer isso? Provavelmente, eles pensaram: "Jesus, **é isso mesmo** que será contado? Esse momento superesquisito, em que nenhum de nós soube o que fazer? Quando pensávamos até que teríamos de protegê-lO ou que Você mesmo Se resguardaria? Esse momento? **É esse acontecimento que estará eternamente conectado à proclamação do Evangelho?**".

Sim, **esse momento**.

Devemos entender o seguinte: **a adoração pura não tem nada a ganhar no reino da popularidade.** Ela não dá a menor importância a isso. Antes, espera **somente** tocar e receber o coração d'Aquele que é adorado. **Nunca** é motivada pelos benefícios que pode obter.

Está tão cega, por conta da profundidade de seu amor, que não consegue aderir ao que as normas sociais da época consideram ser "aceitável". A adoração pura é impulsionada exclusivamente por: "**EU PRECISO QUE VOCÊ SAIBA. Tenho de Lhe comunicar, de alguma forma, tudo que Você significa para mim, o quanto Seu toque mudou a minha vida!**". É extremo. Ela fará qualquer coisa, e pagará o preço que for, para demonstrar a profundidade de nosso amor e gratidão.

Esteja consciente disso. Na próxima vez em que você testemunhar uma cena que fizer todos na sala se sentirem desconfortáveis e ofendidos, por conta da expressão exagerada de alguém que adora, há uma grande chance de que Deus tenha Se **sentido amado.**

Permita-me perguntar: quantas coisas fazemos, ao adorar, que nos custam algo? Quantas não realizamos, justamente porque nos **custarão**? Uma adoração que não nos cobra nada não causa impacto. O rei Davi declarou, em 2 Samuel 24.24: "[...] não oferecerei ao Senhor, meu Deus, holocaustos que não me custem nada [...]". Quando damos nossos primeiros passos para fora da zona de conforto — para além de como nos sentimos no momento, adiante de toda e qualquer resposta "costumeira" e normal na adoração — e passamos a **Lhe dar aquilo que nos custa algo**, começamos a descobrir a pureza nesse ato. Oferecer a Deus nossa dignidade, respeito próprio, conforto pessoal, emocional e financeiro é ofertar algo custoso. Isso agrada Seu coração.

2. A ADORAÇÃO PURA É ETERNA

A adoração pura, aquele doce louvor "gerado no coração", expresso somente por meio da fé e do amor, é a única que deixará um impacto duradouro na Terra, na eternidade e no âmago de Deus. Se você fizer algo para obter notoriedade, influência e importância aos olhos dos homens, não apenas sua recompensa se desvanecerá com este mundo como também você nunca tocará o coração do Pai.

E não há como enganar o Senhor.

Ele é o único que conhece a pureza de nossas ofertas. Na maioria das vezes, não somos qualificados nem mesmo para nos julgarmos. Frequentemente, a leitura de 1 Coríntios 3.12-15 me traz sobriedade, quando Paulo afirma:

> E, se o que alguém edifica sobre o fundamento é ouro, prata, pedras preciosas, madeira, feno ou palha, a obra de cada um se tornará manifesta, pois o Dia a demonstrará. Porque será revelada pelo fogo, e o fogo provará qual é a obra de cada um. Se aquilo que alguém edificou sobre o fundamento permanecer, esse receberá recompensa. Se a obra de alguém se queimar, esse sofrerá dano. Porém ele mesmo será salvo, mas como que através do fogo.

Quando chegar ao fim da minha vida, não quero ver todas as minhas ofertas de adoração serem consumidas pelo fogo, porque eram apenas feno e palha. Feitas para os outros, que impressionavam as massas, mas falhavam em tocar o coração d'Aquele que mais importava. Desejo que minha vida seja válida na eternidade. Não quero perder minha recompensa eterna porque caí em algum tipo de jogo de influência aqui embaixo. Que tragédia isso seria!

Lembre-se de que **podemos escolher os materiais a serem usados em nossa construção**. Temos a chance de usar ouro, prata, pedras preciosas ou madeira, feno e palha. Se você tem edificado sua vida de adoração com a matéria-prima errada, saiba que pode mudar isso. A começar por hoje.

3. A ADORAÇÃO PURA É MOVIDA PELO AMOR

O futuro da adoração não é dos compositores mais brilhantes e virtuosos da música ou de vocalistas talentosos. **Ele pertence aos que amam**, com todo o seu coração, alma, mente e força (cf. Lucas 10.27). Foi a mulher que "**amou muito**" que estabeleceu o nível para a adoração. "Um amor pequeno" sempre produzirá "uma adoração pequena". O amor é a restauração que precisamos e a reforma pela qual ansiamos.

O amor é o maior dentre todos os outros poderes. Uma pessoa cheia dele consegue superar e realizar qualquer coisa. É a maior força que há na Terra, e nós conhecemos a sua verdadeira origem. **Deus é amor** (cf.

1 João 4.8). Essa é a forma como Ele envergonhou e derrotou todos os principados e autoridades deste mundo para sempre, pela Cruz.

Temos a forte propensão a subestimar o poder e a potência que o amor tem. Mas ele é a única coisa forte o suficiente para remover a sedução pela influência e a ambição egoísta das nossas vidas. É poderoso para nos libertar da comparação, vaidade, auto-obsessão, orgulho, ansiedade, insegurança e medo. E literalmente expulsa tudo isso dos nossos corações. O amor é a única força capaz de despertar a próxima geração de adoradores. Não serão todas aquelas novidades e tendências que tanto procuramos, será apenas o som do puro amor por Jesus.

A adoração será restaurada por aqueles que amam.

UM FUNDAMENTO FIRME

Se você se sente despedaçado, indigno e inadequado, seja como um adorador ou líder, saiba que Deus quer restaurá-lo. Ele deseja lhe dar um novo fundamento, que não se baseie em seus dons, carisma ou em uma lista de *sets* de sucesso. O Senhor anseia por mostrar a simplicidade e o poder que há em amá-lO. Isso é mais que suficiente para mudar o mundo.

Eu amo tanto todas as histórias de Pedro. Ele me dá muita esperança, pois confiou em sua própria paixão, sua força e ousadia. E houve até certa vez em que tentou aconselhar o Senhor, como se tivesse um entendimento mais claro que o d'Ele. Isso indica que esse discípulo era levemente orgulhoso. Entretanto, foi Pedro quem declarou Jesus como o Cristo e jurou morrer por Ele. Quando Jesus foi pego, foi também aquele quem cortou a orelha do servo do sumo sacerdote que veio prendê-lO.

Mas Satanás pediu para peneirá-lo como o trigo (cf. Lucas 22.31). E ele foi provado.

Sua força e zelo falharam. Por um instante, Pedro negou tudo em que acreditava. E o Senhor olhou para ele bem na hora em que tinha feito isso.

O que você precisa saber é que Pedro queria uma história diferente. Tenho certeza de que não era dessa maneira que ele esperava ser lembrado. Desejava se sobressair entre seus irmãos, ser aquele que emergiu da firme peneira. Mas o maior presente desse acontecimento em sua vida foi sua restauração. Jesus fez uma pergunta simples a Pedro três vezes, em João 21.15-17: "[...] Simão, filho de João, você me ama? [...]". E o que mais o coração quebrantado de Pedro poderia responder? "Sim, o Senhor sabe que eu O amo".

Naquele momento, não havia orgulho. Nada de zelo. Nenhum desempenho digno de ser elogiado. Nenhuma história de superação vitoriosa de fidelidade ao ser testado nem demonstração de firmeza acima de todos os seus irmãos. Na verdade, ele foi o único a negar Jesus.

Tudo que havia lhe restado era o amor, sincero, por Cristo. E, daquele dia em diante, esse se tornou seu novo fundamento.

Quando a vida o provar, assim que a decepção e a ofensa vierem a você, e a dor o chacoalhar, o fracasso ameaçar dominá-lo... **Deixe tudo isso o reduzir ao amor somente**. Pois ele é o único fundamento sobre o qual Deus deseja construir.

Esqueça o fato de que existe uma indústria. E que há uma carreira ou um modelo de como ser um "líder de adoração". Esse molde está despedaçado. Em vez disso, seja uma pessoa apaixonada.

O amor é a **única** coisa que **qualifica** a adoração.

O amor é a única coisa que realmente carrega essa unção.

O amor é a única autoridade que temos.

O amor é a única diferença entre uma música e um gongo soando.

O amor é a única coisa que determina se nossa vida e nosso som terão um significado, longevidade e propósito na Terra e no Céu.

Nossa função é amar a Jesus. Não é "zerar" o jogo do líder de adoração. Muitas vezes, quando ouço pessoas ministrarem o louvor, o que sinto não é amor. Tantas outras novas agendas surgiram; novos estilos vocais, movimentos de adoração e expressões faciais. Músicas fresquinhas para escolher e um grande apreço pelo que é descolado. Às vezes, só quero jogar tudo isso fora e dizer: "**Só me mostre seu amor por Jesus!**".

O **amor** me conduz.

O **amor** abre meu coração.

O **amor** renova minha paixão.

Conduz-me ao **AMOR**.

Somente o fogo puro do nosso amor por Cristo pode acender o coração da Igreja e do mundo, para que se rendam em adoração. Um bom desempenho *gospel* nunca carregará essa chama. Apenas um povo que quebra seu vaso de alabastro. Aqueles que arriscam tudo para cair aos pés de Jesus e dizer "eu O amo", com suas lágrimas, beijos e uma ministração extravagante para Ele...

Carregarão.

Então, deixe o fogo do seu amor ser a coisa mais visível em sua vida. Que o poder flua de sua pureza, não de sua *performance*.

Deixe-o fluir da genuinidade de seu amor por Jesus e da sinceridade de seu coração diante d'Ele.

Ancore-se nesse fundamento firme e duradouro. Esteja enraizado no amor.

CAPÍTULO 03

AS QUATRO MARCAS DE UM REFORMADOR DA ADORAÇÃO

Há muito tempo tenho me apegado à história de quando Jesus purificou o templo. Essa foi a única ocasião registrada nas Escrituras em que Ele usou força física contra algo ou alguém. Se houvesse um prêmio para "a passagem bíblica mais frequentemente retirada do contexto", esta certamente seria uma forte candidata ao título. Foi usada erroneamente para justificar todos os tipos de absurdos hipócritas e raivosos. Contudo, esse trecho não diz respeito à falta de autocontrole para lidar com a raiva, e sim à forma como adoravam, oravam e se portavam na casa do Senhor. Trata-se de um momento de visitação divina e correção sagrada. O Filho de Deus visitou a casa de Seu Pai e, com um zelo que o consumia, expulsou todos que a desrespeitaram e desonraram. Há uma reforma sagrada sendo descrita nessa passagem.

As Escrituras registram essa história no Evangelho segundo João:

> Estando próxima a Páscoa dos judeus, Jesus foi para Jerusalém. E encontrou no templo os que vendiam bois, ovelhas e pombas e também os cambistas assentados. Tendo feito um chicote de cordas, expulsou todos do templo, com as ovelhas e os bois. Derramou o dinheiro dos cambistas pelo chão, virou as mesas e disse aos que vendiam as pombas: — Tirem estas coisas daqui! Não façam da casa de meu Pai uma casa de negócio! (João 2.13-16)

O Evangelho de Marcos também relatou esse acontecimento:

> Também os ensinava e dizia: — Não é isso que está escrito: "A minha casa será chamada 'Casa de Oração' para todas as nações"? Mas vocês fizeram dela um covil de salteadores. (Marcos 11.17)

Pare por um instante e use sua imaginação. Tente visualizar isso. Jesus, nosso Senhor e Rei, entra no templo e, de fato, Se dá ao trabalho de **fazer um chicote** com

Suas próprias mãos. Em seguida, Ele expulsa com uma fúria desconcertante os cambistas e mercadores desavisados. Lança seu chicote, chuta mesas e espalha dinheiro, gado e mercadorias.

É importante não olharmos para isso de forma muito rápida, nem desprezarmos a intensidade do ocorrido. **Esta não foi uma correção leve.** Claramente, houve uma violação significativa, que provocou uma revolta total em Cristo. Esse momento pode ter acontecido há dois mil anos, mas vale lembrar que **Jesus, hoje, não está menos consumido de zelo por Sua casa espiritual.** Seria sábio questionarmos se há algo ganhando espaço no âmbito da adoração moderna que provocaria o mesmo nível de reação e justa indignação n'Ele.

O MODELO DE JESUS

Uma rápida olhada para a história da Igreja nos diz que, todas as vezes em que Jesus deixa de ser exaltado como o modelo para nossas vidas e ministérios, as coisas imediatamente começam a ficar estranhas e obscuras. Acontece que continuamos a repetir esse mesmo erro. Um dos maiores problemas do trabalho na Igreja atualmente é que ela permanece **imitando a si mesma.** Não são as Escrituras, nem o padrão de Jesus, **e sim a sua própria subcultura.** Especialmente agora, na era das mídias sociais, são os líderes de adoração, pastores e movimentos mais conhecidos da Igreja que, impensadamente, se tornaram a nova referência — a imagem de sucesso que todos tentam replicar e padronizar.

Hoje temos esse modelo em que as "celebridades da adoração" predominam. Porém, não é isso o que desejo ver sendo transmitido para a próxima geração. Esse exemplo, lamentavelmente, carece do fogo e da pureza do amor; também lhe falta humildade, santidade, reverência e piedade. Na verdade, uma olhada rápida para as redes sociais revela que esse molde é **cheio** de si mesmo, e de sua própria vaidade, orgulho e louvor. Ele não se parece nem um pouco com Jesus, e me arrependo por qualquer envolvimento que tive com ele. Agora, só de pensar nisso, tenho repúdio e tristeza.

Como precisamos que o modelo de Cristo volte a ser exaltado em nossos dias! **Posso ouvir a Terra gemendo por algo que se assemelhe a Jesus**. Esperando por uma manifestação pura dos filhos e filhas de Deus em nosso tempo (cf. Romanos 8.19). Aqueles que farão brilhar Sua luz e reluzir em meio às trevas que os cercam. Os que serão parecidos com Aquele que não considerou a igualdade com Deus algo a ser alcançado, que não tinha um fiapo de orgulho ou privilégio em Seu corpo ou espírito. Aquele que abandonou Seu trono, Sua glória, Sua riqueza e privilégio para Se tornar pobre; que não veio para ser servido, mas para servir e entregar Sua vida. Aquele que demonstrou reverência, humildade e obediência para com Seu Pai até uma morte horrível na cruz.

Oh, a glória de Jesus! A magnificência de Jesus! Por que procuraríamos imitar qualquer outra coisa ou pessoa? Jesus é o Único caminho, verdade e luz em um mundo que enlouqueceu com tanta depravação.

Eu anseio pelo surgimento de uma geração de adoradores e líderes que realmente se voltem para Cristo **— aqueles que não terão outro padrão além d'Ele.** Pessoas que se posicionarão em áreas que foram corrompidas anteriormente e não serão nada parecidas com os modelos falidos e deturpados que seus pais e mães lhes transmitiram. Aqueles que serão cheios do zelo do Senhor e comprometidos em reformar e restabelecer Seu templo **como uma casa de oração para todas as nações.**

AS QUATRO MARCAS

Eu acredito que há quatro marcas distintas na vida de Jesus, que eram visíveis naquele momento de purificação do templo. Elas são desesperadamente necessárias para reformar e purificar o reino da adoração hoje. Já comecei a perceber que esses sinais se manifestam em uma nova geração que tem se levantado e penso que muitos outros farão o mesmo. É uma obra do Espírito e repousará sobre aqueles que permanecem n'Ele.

1. ELES TERÃO OS OLHOS E OS OUVIDOS DO SENHOR

A primeira marca desses reformadores é o discernimento; um povo que será capaz de ver e ouvir tão claramente quanto Jesus. As Escrituras não nos levam a entender que mais alguém estava profundamente perturbado com o que aconteceu no templo naquele dia. Aparentemente, nenhum outro indivíduo estava criando confusão ou questionando as atividades de rotina daquele lugar; nem pareciam estar perturbando os vendedores de pombos ou os comerciantes que lucravam com as pessoas que iam adorar a Deus. Para todos os outros, aquele era apenas mais um dia normal, com práticas que já aconteciam no templo havia décadas, e todos pareciam ter aceitado isso.

Todos, **exceto Jesus**.

Ele tinha olhos diferenciados. Olhos limpos, brilhantes, celestiais; que podiam ver claramente as práticas corrompidas, desonrosas e cheias de ganância que infestavam Sua casa.

Você já se questionou acerca do porquê de ninguém mais ter visto ou abordado a situação? Ou do motivo da reação de Jesus ter chocado todos ao seu redor? Isso é o que acontece quando a perspectiva do Céu é perdida ao longo do tempo. Roma não foi construída em um dia, tampouco uma casa de adoração é corrompida nesse espaço de tempo. Acontece ao longo de décadas de concessões lentas e sutis. A cultura mundana sempre tenta infectar a celestial. Se não estivermos constantemente vigilantes, tornamo-nos como um sapo em uma panela de água que ferve lentamente[1], incapazes de discernir o perigo em que nos encontramos até que seja tarde demais.

Se você já passou algum tempo lendo os livros dos profetas, notará como Deus ia muito longe para alcançar Seu povo. Às vezes, comunicava-Se até por meio de representações "extremas" e bizarras, por figuras sexuais ou pela linguagem. Um exemplo disso foi quando Deus ordenou ao profeta Oseias que se casasse com uma prostituta, alguém que frequentemente o trairia e o enganaria: "[...] Porque a terra se prostituiu, desviando-se do Senhor" (Oseias 1.2).

Ao ler essas cartas proféticas para Israel, você pode literalmente sentir o desespero de Deus e Seu desejo de alcançar o povo — sempre tentando comunicar a intensidade da dor que as ações e a traição de Israel infligiam ao Seu coração. Ele sempre tentava fazê-los perceber: "Meu povo prometido! Quando vocês fazem essas coisas, é assim que Eu Me sinto!". Infelizmente, muitas vezes eles não conseguiam ver qual era o "grande problema".

Não somos tão diferentes do povo de Israel. Também nos faltaram os olhos, ou a vontade, para enxergar como Ele vê.

---

[1] N. T.: O autor faz referência ao conto popular do sapo na panela. De acordo com a narrativa, se um sapo é colocado numa panela de água em ebulição, ele pula fora imediatamente e se salva. Contudo, se o inserem numa panela com água fria sobre o fogo, deixando-a esquentar lentamente, ele acaba não percebendo a mudança de temperatura gradual e morre cozido.

Em diversas ocasiões, percebi uma relação muito estranha e inapropriada começar a se formar entre os líderes de adoração e as pessoas que eles conduzem. Tenho observado o público ser cada vez mais atraído pelo carisma pessoal de líderes, os quais passam **a se alimentar disso**. Acredito que geralmente tal coisa ocorre sem que saibam ou percebam. Eles começam a levar cada um à intimidade consigo mesmo, e não com Deus. Quanto mais o modelo de "celebridade" cresce, mais comum isso se torna.

Líderes, não podemos permitir que essa situação continue a acontecer. Interferir, mesmo que remotamente, na intimidade entre a Noiva (Igreja) e o Noivo (Jesus), no tocante à adoração, é violar **de todas as formas** nossa sagrada designação sacerdotal. Isso não coloca somente nós mesmos em perigo, mas também todos aqueles a quem ministramos. Se sentir que algo assim começa a acontecer, e as pessoas estão cada vez mais focadas em você durante um tempo de adoração, rapidamente faça a atenção delas se voltar a Cristo. Comece a mudar o ambiente, para que retornem a louvar o Senhor. **Exorte o povo a glorificá-lO!** Rompa com esse modelo de eventos guiados por celebridades e artistas, porque isso só faz essa perversão aumentar.

Por favor, ouça o que está em meu coração a respeito desse assunto. Não tento parecer estranho ou condenar ninguém. Entendo a complexidade desse problema, pois o vivi por mais de uma década. Estou ciente de quão pouco controle temos sobre o que se passa no coração das pessoas enquanto ministramos. Nem sempre soube o que fazer, tampouco tive sabedoria ou clareza para compreender a razão das coisas parecerem tão "fora do lugar" durante certos momentos de louvor, nem para corrigir isso. Tem sido uma jornada. Mas eu sei que a pureza do coração de um líder de adoração pode ser sentida em todo um ambiente, muito mais do que percebemos; e é ela que sempre determinará se a maioria estará conectada com Jesus ou com outra pessoa ou coisa.

Quanto mais eu me inclino para as batidas do coração do Céu, mais percebo a verdadeira "loucura" que se vive em grande parte da nossa cultura de adoração. Precisamos de olhos para enxergar, assim como Jesus, tudo aquilo que se tornou tão rotineiro, comum e normal no ministério de adoração, **mas que é tão doloroso para o coração de Deus**. Necessitamos desse olhar para perceber as coisas que acontecem em nossos palcos, camarins, comunidades, *tours* e eventos de "adoração", que nem deveriam ser **mencionadas entre nós**.

Oh, como carecemos de olhos empoderados pelo Espírito para ver! Precisamos de discernimento, sabedoria e revelação. Temos de pedir por essas coisas ao nosso Pai. E começar a fazer orações ousadas:

*Pai Celestial, dê-nos o Espírito de sabedoria
e revelação do Seu conhecimento. Tire as vendas de
nossos olhos! Dê-nos olhos para ver como o Senhor
vê. Dê-nos ouvidos para ouvir o que o Espírito*

nos fala. Se não O pudermos escutar, estamos
realmente perdidos sem nosso Ajudador e Guia.
Dê-nos ouvidos que ouçam. Dê-nos um bálsamo
para ungir nossos olhos, a fim de que possamos ver.
Queremos ser aqueles que têm Seus olhos, ouvidos
e coração, em todo e qualquer lugar.

2. ELES TERÃO O ZELO DE CRISTO PELA CASA DO SENHOR

A segunda marca desses reformadores em ascensão é um enorme zelo pelo Senhor e por Sua casa. Líderes zelosos são corajosos, e toda essa valentia será bastante necessária. O versículo que os discípulos lembraram no meio daquele pandemônio sagrado e purificador foi Salmos 69.9: "[...] o zelo da tua casa me consumiu [...]". Eu imagino que não tenha sido muito difícil se recordarem disso enquanto estavam agarrados a alguma parede do templo, assistindo Jesus "**ensinar**".

Descobri que a devoção é uma das coisas mais incompreendidas. Hoje, se você sair por aí proclamando ser "**consumido de zelo pela casa do Senhor!**", provavelmente correrá o risco de ser internado como um louco. Percebi que, quando alguém passa a ser **muito cuidadoso**, as pessoas ao redor ficam nervosas. Se você começar a falar, agir e viver "radicalmente" para Deus (ou seja, apenas fazer o que Jesus ordenou), muitos imediatamente virão alertá-lo e tentar fazê-lo ser mais "equilibrado". No entanto, é engraçado como parece que ninguém o procura para avisá-lo acerca do custo de viver de modo apático ou obedecendo apenas em parte aos Seus mandamentos. **No fim, isso sai indescritivelmente mais caro**.

Entretanto, apesar de toda confusão e mal-entendido, o zelo é **vital** para o cristão, e ainda mais para o **líder**. Eu amo o que dizem as Escrituras em Isaías 59.17, quando Deus "[...] se cobriu de zelo, como de um manto". Que imagem! Ao nos envolvermos nesse cuidado, ele opera como uma proteção sagrada. Cheguei à conclusão de que só estou no meu melhor nível como adorador, líder, marido, pai e amigo **quando estou envolto nele**. Caso contrário, encontro-me mais exposto ao perigo. É por isso que Paulo nos instrui em Romanos 12.11: "Quanto ao zelo, não sejam preguiçosos. Sejam fervorosos de espírito, servindo o Senhor".

Líderes de adoração, lembrem-se sempre de que há uma grande batalha por seu zelo. Se você não queima de dedicação pelo Senhor intencionalmente, começará a queimar por outra coisa. Na verdade, não existe meio-termo. O truque do Inimigo é dividir e redirecionar sua atenção, seus afetos e desejos. Se você tem tentado manter o zelo por sua carreira de líder de adoração e pela casa do Senhor ao mesmo tempo, em algum momento, um deles vencerá. Nesse caso, provavelmente sua carreira. Eu insisto: tornamos muito fácil espiritualizar nosso próprio esforço pessoal por glória a nós mesmos e por *status*. Mas nossa tarefa nunca foi buscar primeiro o "reino da influência", mas sim o Reino de Deus.

Josué fez o povo de Israel escolher no que estaria sua lealdade ao entrar na terra prometida, dizendo:

> Mas, se vocês não quiserem servir o Senhor, escolham hoje a quem vão servir: se os deuses a quem os pais de vocês serviram do outro lado do Eufrates ou os deuses dos amorreus em cuja terra vocês estão morando. Eu e a minha casa serviremos o Senhor. (Josué 24.15)

A mesma escolha está diante de você hoje. Defina seu percurso agora, antes que a provação chegue. Ela certamente virá. Sempre há grandes testes em sua terra prometida. Você deve fazer a escolha neste momento, para que o zelo o consuma e o mantenha em uma postura de fidelidade consistente ao Senhor.

Faça jus a este momento. Pode ser o mais importante da sua vida. Construa um altar de consagração, ao qual você poderá retornar vez após vez.

Pergunte a si mesmo: pelo que eu decido ser zeloso? Pelo que eu desejo ser consumido? O que eu quero como fundamento da minha adoração? Serei eu mesmo? Minha glória? Minhas oportunidades? Minhas paixões? Minha plataforma? Meu nome?

Ou, em vez disso, escolherei o Senhor? Irei na contramão de tudo e optarei pelo zelo por **Sua glória, coração e vontade**? Decidirei por queimar junto a Ele por **Sua Noiva, Sua casa e Seu nome**?

Escolha com sabedoria, preservando sua recompensa eterna. **Escolha o zelo pelo Senhor e Sua casa**. Decida deixar uma marca na eternidade.

3. ELES SERÃO LEAIS AO CORAÇÃO E AO PLANO DE DEUS PARA SUA CASA

A terceira marca que eu reconheço nesta ascendente geração de reformadores da adoração é uma lealdade pactuada. Eles serão aqueles que restabelecerão o coração e a visão do Senhor para o templo. É evidente que Jesus tinha uma percepção para Sua casa, a qual estava bastante perdida no regime religioso de Seus dias. Ao chutar as mesas, Ele a comunicou diretamente, gritando uma simples declaração: "**Minha casa será uma casa de oração para todas as nações**".[2] Lembre-se de que Cristo veio do Pai e sabia claramente como a Sua habitação deveria ser, qual sentimento tinha de haver ali e de que forma precisava ser conhecida. Ele estava perfeitamente ciente de como o propósito designado por Deus era sabotado e distorcido naquele momento.

Se em tudo quanto fazemos como Igreja de Cristo nunca nos perguntamos o que realmente é uma casa de oração ou que marcas distintivas ela deveria incorporar, realmente **necessitamos** começar a fazer isso. Afinal, pensar dessa forma, como podemos ver, era de grande importância para Jesus.

Não alego ter uma revelação completa sobre isso, mas sei que o cerne da oração é o relacionamento. Para mim, uma casa de oração é simplesmente um lugar

---

[2] N. T.: Confira Isaías 56.7 e Mateus 21.13.

de conexão santa entre o Senhor e a humanidade. É uma tenda de encontro, onde há intimidade, na qual homens, perdidos e redimidos, podem se aproximar e encontrar o Deus Vivo. Esses são lugares onde os que buscam o Pai e aqueles a quem Ele procura podem ser encontrados. São locais de devoção, aliança, verdade e união. E o mais importante, são espaços preenchidos com a **Sua presença**.

Tudo o que fazemos como líderes da Sua casa espiritual de oração é ministrar puramente ao Senhor e facilitar essa conexão sagrada entre Ele e Seu povo — aqueles a quem Ele atraiu para Si mesmo e os quais tem atraído. O mundo está **faminto** em busca disso, **assim como a Igreja**. Anseiam por lugares onde possam encontrar a presença de Deus, que é real, verdadeira, libertadora, redentora e traz cura. Não estamos, e nunca estaremos, no ramo do entretenimento *gospel*. Nosso "negócio" é conectar pessoas perdidas e moribundas à vida, à esperança e à verdadeira substância de Jesus, conduzindo-as ao Seu estilo de vida.

Não podemos esquecer que as casas de adoração que construímos não são nossas, **mas d'Ele**. E, como tais, estão sujeitas à Sua visão e ao Seu desígnio. Se falharmos em levar a perspectiva de Jesus para Sua casa e em mantê-la diante de nós, tendo isso como nossa missão preciosa, permitiremos que quase todo tipo de prática pagã corra bem por entre suas portas. Não é preciso muito discernimento para ver que já fizemos isso em diversos níveis.

Necessitamos de uma geração de líderes que pesem novamente tudo o que fazem, conforme o prumo dos **decretos e desejos de Deus**, e permaneçam inabalavelmente leais ao **Seu desígnio**. Não podemos pensar em nos esconder atrás desse tipo de desculpa: "Bem, Senhor, era assim que todos agiam como Igreja naqueles dias!". Nosso trabalho nunca foi seguir estruturas ou formatos eclesiásticos populares, mas **construir comunidades do Reino, cheias de discípulos**. Temos a responsabilidade de estabelecer os Céus na Terra — conforme o Seu projeto para Sua casa, e não qualquer outro de nossa escolha.

Não fomos feitos apenas para carregar a visão de Deus para Sua casa, **estamos destinados a nos tornar suas testemunhas visíveis** — redimidos para sermos um templo de Sua presença, que habita dentro de nós, e um ponto de conexão vivo entre o Céu e a Terra.

Tenha isso em mente: somos criados para ser muito mais do que uma máquina que "cospe" de três a cinco canções populares de adoração em um culto de domingo. Você nasceu para ir além de ser uma voz bonita ou um músico talentoso. **Você foi chamado para ser uma casa de oração**; um ser humano que vive e respira e, pelo poder da Cruz e do sangue derramado de Jesus, agora está conectado com Deus, o Pai, e se tornou um encontro ambulante com Sua presença.

Sua tarefa não é algo tão pequeno como **cantar**, e sim liberar a realidade tangível **do que você canta** para a atmosfera, levando as pessoas a se encontrarem com o poder e a glória de Deus.

4.ELES NÃO HESITARÃO EM REFORMAR E PURIFICAR A SUA CASA

A quarta marca de um reformador de adoração é ser alguém que não hesitará em fazer o que precisa ser feito. Essas pessoas não relutarão para pagar o preço que executar algo em retidão, inevitavelmente, custará. O Senhor, em Jeremias, afirma:

[...] Se remover as suas abominações de diante de mim, você não mais andará sem rumo. (Jeremias 4.1)

Quero enfatizar a importância de não titubear neste momento. Não houve hesitação em Jesus ao limpar o templo, e não pode haver em nós agora.

No entanto, antes de corrermos, com todo nosso zelo, para chutar as mesas, precisamos entender que esse trabalho não começa na vida ou no ministério de outra pessoa — essa obra de purificação se inicia **dentro de nós**. A única razão pela qual Jesus tinha poder para prender o valente é porque Ele mesmo não estava preso (cf. Marcos 3.27). Antes de estarmos qualificados para remover o cisco do olho do nosso irmão, devemos lidar com **a trave em nosso próprio olho** (cf. Mateus 7.3-5). Essa reforma, que é tão necessária, surge quando começamos a tratar as áreas corrompidas dentro de nossos próprios corações. Fazemos isso ao confessar nossos pecados e nos arrepender, com profunda humildade e quebrantamento, por tudo quanto fizemos que contribuiu para transformar Sua casa de oração em algo que não reflete mais Sua essência ou intenção.

Convido você a embarcar nesta jornada de purificação do templo do seu coração. A andar ao redor dos "muros" da sua cidade interna, assim como Neemias fez há muito tempo, e examinar a condição em que se encontra (cf. Neemias 2.11-20). Pergunte a si mesmo:

Onde faltam reparos?

Quais são as áreas corrompidas?

Quais partes foram despedaçadas?

Em que aspectos me tornei dependente da aprovação de homens?

Em que ponto fui aleijado pelo temor deles?

Em quais partes de mim a ambição egoísta ainda tem espreitado nas sombras?

Onde é que a amargura, falta de perdão, inveja, ofensa, fofoca, difamação ou malícia ainda operam em minha vida? Existem coisas que se apoderam de mim e ainda se escondem nos cantos do meu coração? Há sensualidade, pornografia e pecado sexual poluindo minhas câmaras internas? Há conversas perversas e impuras corrompendo minha boca?

O mistério dos tempos é que o templo do Deus vivo não é mais um prédio, **é um povo**. Somos você e eu. Os santos são as pedras vivas, com as quais Ele constrói uma casa espiritual.

Paulo, falando aos coríntios, expõe o comprometimento que devemos ter com a purificação, de forma bem clara:

Que ligação há entre o santuário de Deus e os ídolos? Porque nós somos santuário do Deus vivo, como ele próprio disse: "Habitarei e andarei entre eles; serei o seu Deus, e eles serão o meu povo." Por isso, o Senhor diz: "Saiam do meio deles e separem-se deles. Não toquem em coisa impura, e eu os receberei. Serei o Pai de vocês, e vocês serão meus filhos e minhas filhas", diz o Senhor Todo-Poderoso. (2 Coríntios 6.16-18)

Portanto, tendo tais promessas, purifiquemo-nos de toda impureza, tanto da carne como do espírito, aperfeiçoando a nossa santidade no temor de Deus. (2 Coríntios 7.1)

À medida que o Espírito Santo lhe revela e convence, comece a gloriosa obra de restauração, purificando tudo o que é desprezível e sujo — **tudo o que entristeceu Seu coração**. Sinta a alegria do Senhor irromper em sua vida enquanto você faz isso!

Permita que o peso e o mistério da presença de Deus que habita em você, mais uma vez, criem um novo nível de tremor em seu espírito e inspirem uma jornada mais profunda de consagração completa. Esse trabalho de purificação pessoal é o primeiro e mais importante passo na grande obra da reforma, para a qual Deus nos chama, no coração da adoração e na vida da Igreja.

CAPÍTULO 04

TORNANDO-SE ÍNTEGRO DE CORAÇÃO

Há uma vida gloriosa que Deus planejou para você, com liberdade imensurável, alegria e profunda comunhão. **Uma vida com integridade de coração**, na qual cada parte da obra-prima que Ele projetou para que você se tornasse converge em uma poderosa unissonância de propósito singular. O Senhor o desenhou para viver **por inteiro** diante d'Ele. Indiviso. Completa e totalmente entregue a apenas **um**. Um Glorioso Pai, Filho e Espírito Santo. Ele o formou para viver de forma que Seu governo e reinado, Sua autoridade e Palavra, Sua afeição e amor habitassem dentro de você, sem que haja conflito, rival ou interferência alguma.

Caminhar em integridade de coração é, sem dúvida, a melhor maneira de viver. Não há, nem de longe, algo que possa competir com isso.

Mas se isso é verdade, por que tantos de nós vivem uma realidade tão diferente? Por qual razão mantemos vidas compartimentadas, fragmentadas, conflituosas e dualísticas? Por que tão poucos seguem o rumo da integridade? Eu acredito que seja porque há um obstáculo significativo no caminho: **nossa morte**.

Tornar-nos íntegros de coração requer uma morte à qual resistimos e uma entrega total que não cedemos facilmente. Essa transformação é o maior desafio que muitos de nós enfrentaremos. Para mim, certamente foi. Porém, também foi a escolha mais poderosa que já fiz. Quando decidi renunciar tudo e viver de todo o coração para o Senhor, foi o dia em que tudo mudou, foi o ponto de virada da minha vida.

O LONGO CAMINHO ATÉ O PORTÃO ESTREITO

Como todas as jornadas que percorri, essa também não foi rápida ou indolor. Descrevo esse processo como o caminho lento e agonizante, no qual frequentemente resisti a dar a Deus a única coisa que Ele mais deseja: **eu mesmo**. Todo o meu ser. Eu queria entregar algo menor que isso. Uma coisa mais conveniente, que me proporcionasse um pouco mais de flexibilidade e liberdade para que eu também buscasse aquilo que queria. Não sou alguém que desiste, e em meu pacote veio uma quantidade extraordinária de teimosia. Então, a coisa mais difícil que já tive de fazer foi desistir. Renunciar. Parar de resistir ou lutar. E **simplesmente deixar DEUS ser dono de mim**.

C. S. Lewis diz isso de uma forma melhor elaborada: "A coisa que lhe dá horror, que lhe parece quase impossível, é entregar todo o seu ser — todos os seus desejos e precauções — a Cristo".[1] Muitos de nós estamos tão acostumados a ter uma vida dividida, que é até difícil imaginar como seria ter um "coração unido", em vez da constante zona de guerra interna, onde conflitam desejos, emoções e ambições polarizadas. Essa é a condição que melhor me descrevia ao longo de minha adolescência, e até meus vinte e poucos anos. Meu coração **não era inteiro**. Ele foi, frequentemente, um campo de batalha feroz de desejos concorrentes. Eu não conseguia suportar a ideia de ter uma vida normal. Passar meus dias trabalhando em um emprego das nove às dezessete horas, só para financiar uma hipoteca e uma *minivan*, parecia uma morte pessoal para o meu espírito.

Fui impulsionado por uma profunda necessidade de buscar significado e *status* e comecei a vincular

---

[1] LEWIS, C. S. **Cristianismo puro e simples.** São Paulo: Martins Fontes, 2009, p. 260-261.

isso a qualquer sonho que me trouxesse alguma esperança de satisfação. Eu queria uma vida cheia de coisas pelas quais eu era apaixonado, e a música havia se tornado meu maior interesse. Então, o sonho de me tornar "grande" no mundo da música nasceu e, rapidamente, se tornou minha obsessão e luz norteadora.

Comecei uma banda quando tinha dezessete anos; logo, meus companheiros e eu nos **entregamos** a esse sonho. Escrevíamos dezenas de canções, ensaiávamos em uma garagem toda semana (e não se sabe o quanto prejudicamos nossos ouvidos por conta disso), agendávamos *shows* em toda cafeteria e clube que nos aceitava e chegamos a juntar o pouco dinheiro que tínhamos para financiar gravações horríveis e baratas. Estávamos ludibriados e determinados a fazer isso.

Dedicamos cinco anos de nossas vidas a esse sonho. Mas, nesse tempo todo, eu nunca consegui me livrar da luta — esse sentimento torturante dentro de mim, que dizia "não é bem isso". Era profundamente irritante. De alguma forma, eu ainda podia sentir um chamado de Deus em minha vida, e isso me apavorava. Meus sonhos e paixões haviam se tornado a minha fonte de vida e esperança, de uma maneira tão sutil e poderosa, que fiquei paralisado diante da ideia de entregá-los a Ele. Simplesmente sabia que, se desse meu "sim" completo a Deus, seria despachado para servir em uma terra distante e estrangeira. Fui criado na igreja. Eu tinha consciência de como essas histórias se desenrolavam.

Por mais horrível que isso soe, eu apenas não queria passar os dez anos seguintes da minha vida morando em algum abrigo improvisado e trabalhando como missionário. Hoje, teria pulado para dentro dessa oportunidade, mas, naquela época, só desejava fazer música e ser famoso.

Sim, eu percebo como isso é terrivelmente superficial. Porém, essa é a verdade.

A HISTÓRIA DA MINHA MORTE

Tentei de tudo para amenizar aquele incômodo de saber, em meu espírito, que estava servindo a mim mesmo, e não ao Senhor. Testei toda aquela história de barganhar com Deus, algo do tipo: "Senhor, se você **me** tornar famoso, eu **O** tornarei famoso". Só que, é claro, redigi minhas orações de uma forma muito menos aberta, revestindo-as de uma linguagem profundamente poética e sincera — como costumamos fazer. Porque, sabe, **eu amava Deus**. Desejava agradá-lO, **só não podia dar tudo a Ele**. Então, vivi nesse estado de "semitormento", sem me render, por um período de cinco anos, tentando servi-lO, mas, sobretudo, apenas perseguindo meu sonho de me tornar uma estrela do *rock*.

Quanto mais o tempo passava, mais confuso eu ficava a respeito de tudo isso. Percebi que estava escravizado à minha ideia de "vida". O que havia começado a me tornar miserável. Mas, mesmo assim, agarrei-me a ela. Eu resisti ao fim. De alguma forma, morrer para mim mesmo e desistir do meu sonho ainda parecia ser o pior destino possível. Contudo, Deus, em Seu amor e misericórdia, **continuou me convidando para morrer**. Lembro-me da noite em que tudo veio à tona. Eu tinha ido visitar meus pais, e a conversa logo se tornou uma discussão quando meu pai me confrontou, mais uma vez, com a verdade sobre minha rebelião. Ainda me lembro dele dizendo: "Filho, você está indo a cento e cinquenta quilômetros por hora nesta estrada, e nós dois sabemos que isso pode não ser o que o Senhor tem para você". Ele me implorou para que, ao menos, eu procurasse por bons conselhos.

Naquela noite, saí magoado e enfurecido. Quase bati meu carro de tanta raiva. Mas, mesmo furioso, não consegui deixar de perceber a verdade em suas palavras. Então, mais por despeito do que submissão, marquei reuniões com três pastores para buscar "bons conselhos". As duas primeiras reuniões foram boas para mim, os pastores simplesmente me incentivaram a continuar seguindo ao Senhor e fazendo minhas atividades. O terceiro pastor, no entanto, um belo e fiel homem de Deus, chamado Jim Fredericks, ouviu-me atentamente. Ele nunca respondeu minhas perguntas; em vez disso, pediu-me para responder às dele.

Enquanto ele cutucava e incitava meus sistemas de "crenças" com seus questionamentos, **comecei a perceber as mentiras**. Tanto aquelas que acreditava a respeito de Deus quanto sobre o que era ter uma vida "normal".

Saí daquela reunião despedaçado. Não consigo nem explicar por que, mas finalmente estava pronto para ceder. Não importava mais o que viria a acontecer, por fim, sentia-me preparado para desistir e morrer. E fiz exatamente isso. Abdiquei da minha banda, dos meus sonhos, das minhas paixões e esperanças. Coloquei tudo no altar e me rendi a Deus. Eu amaria dizer que fui imediatamente recebido por anjos e visões panorâmicas do Céu, mas não foi assim. Em vez disso, somente me sentia miserável, lamentando a perda da minha "vida" e ainda confuso sobre o motivo de ter de desistir de tudo.

Entretanto, comecei a notar algo se infiltrando em minha alma nas semanas e meses seguintes. Lembro-me da noite em que entendi o que estava acontecendo: "Acho que essa sensação que estou tendo... Acho que é... Acho que é paz!". Havia muito tempo que eu não me sentia assim. Tanto que mal consegui encontrar linguagem para articular aquela emoção. Passei a perceber que **Deus estava trabalhando no meu interior**. Em seguida, com um pouco mais de convicção desta vez, me entreguei ainda mais profundamente a Ele.

Fiz esta oração pela primeira vez: "Não desejo a minha vontade para a minha vida, mas que a Sua seja feita".

Essa simples oração mudou todo o curso da minha história. Eu não tinha escrito uma música de adoração sequer em mais de cinco anos. Mas, de repente, um novo som começou a fluir de mim. Percebi imediatamente que essas novas canções eram bem diferentes das anteriores que tentava compor. Elas não pareciam forçadas ou artificiais, nem eram como as de outras pessoas. Tinham poder, profundidade e um peso de convicção que antes não existia. Algo mudou em mim. Eu não estava mais dividido internamente. Meu coração se tornou **inteiro** diante do Senhor e começou a ser **cheio** com Sua melodia.

UMA MORTE PRECEDE UMA RESSURREIÇÃO

No fim dos anos 80, o filme *A princesa prometida*[2] foi lançado e rapidamente se tornou um clássico *cult*. No longa, o herói é torturado e "falece". Seus amigos o levam ao feiticeiro local, e, em vez de ser declarado morto, ele é tido como **quase** morto. Isso sempre gerava algumas risadas. Porém, acho que essa condição de "**quase**" morte é bastante comum entre os cristãos. Muitos andam como zumbis, em rendição parcial, vivendo sem entusiasmo em tudo o que fazem. Isso não é apenas trágico, mas bastante custoso para o avanço do Reino. Por quê? Porque **precisamos** do poder de ressurreição e de vida.

É aí que está o problema: **a ressurreição só acontece a pessoas mortas**. Os vivos não precisam disso.

Paulo não foi simplesmente poético quando escreveu aos romanos, no capítulo 6.3-4:

---

[2] A PRINCESA prometida. Direção de Rob Reiner. EUA: Act III Communications, 1987. 1 DVD (87 min.).

Ou será que vocês ignoram que todos nós que fomos batizados em Cristo Jesus fomos batizados na sua morte? Fomos sepultados com ele na morte pelo batismo, para que, como Cristo foi ressuscitado dentre os mortos pela glória do Pai, assim também nós andemos em novidade de vida.

A parte complicada do cristianismo é que, antes de experimentar o poder da ressurreição de Cristo e uma nova vida, você deve primeiro estar unido a Ele **em Sua morte**. Percebo que há muitas pessoas tentando ter a unidade com Jesus em Sua ressurreição e contornar a parte que a precede. Queremos pular o bê-á-bá do Evangelho e ir direto para o módulo avançado. Porém, não se pode chegar ao segundo sem passar pelo primeiro. Você deve, antes, abraçar sua cruz, a negação absoluta e total de si mesmo, para, depois, saborear a vida que Ele oferece do outro lado.

É como Dietrich Bonhoeffer afirma:

Quando Cristo chama um homem, Ele o manda vir e morrer.[3]

No "cristianismo" dos dias de hoje, há várias ideologias sendo usadas como atalhos teológicos à custa do discipulado — uma miríade de maneiras de contornar o caminho da Cruz. Mas, na realidade, não existem atalhos. Muitos tentam propagar suas visões

---

[3] BONHOEFFER, Dietrich. **Discipulado**. 1. ed. São Paulo: Mundo Cristão, 2016.

e sonhos como "atividades do Reino". No entanto, se você observar de perto, é fácil perceber que eles estão essencialmente servindo a si mesmos e enraizados na ambição egoísta, não no sacrifício.

Quando leio os Evangelhos, aprendo que seguir Jesus significa renunciar a **tudo**. Ele não mediu Suas palavras, nem as suavizou ao dizer: "[...] se alguém quer vir após mim, negue a si mesmo, dia a dia tome a sua cruz e siga-me" (Lucas 9.23). As palavras de Paulo aos gálatas também ressoam essa verdade: "Estou crucificado com Cristo; logo, já não sou eu quem vive, mas Cristo vive em mim" (Gálatas 2.19b-20a). Não faltam escrituras que definam claramente as estipulações, exigências e custos do discipulado.

Se o convite não exige que você entregue sua vida, não se trata do chamado de Jesus, mas de algo menor que isso. Se não custar tudo que você tem para obtê-lo, não é tão grande quanto a convocação do Evangelho.

RENDIÇÃO E AUTORIDADE

Uma das maiores marcas que faltam em muitos líderes de adoração nos dias de hoje é a autoridade espiritual. E eu acredito que isso está diretamente conectado ao nosso nível individual de rendição. Essa autoridade que a vida de um cristão deveria carregar só é gerada por meio do abandono total de si mesmo a Deus. É possível ver a evidência dessa competência repousar sobre qualquer cristão que está pronto e desejoso de morrer pelo que acredita. Há um peso espiritual que sobrevém a um povo que vive apenas para uma coisa: **a glória de Deus**. Pessoas corrompidas, divididas e indiferentes nunca o carregarão. Ele repousa somente naqueles cujos corações têm apenas um foco, e sua paixão e busca não estão comprometidas.

Quando Jesus nos diz para levarmos em conta o preço do discipulado, Ele está falando a mais pura verdade. Existe um grande custo: uma morte. E não, nunca é divertido morrer. **Mas pouquíssimas pessoas falam sobre o que nos espera do outro lado**. Ou acerca do poder da ressurreição que fluirá por meio daqueles que estão dispostos a abandonar suas vidas e seguir a Jesus de todo o coração. Sei que toda autoridade e criatividade que correu em mim, nas últimas duas décadas, pode ser rastreada e detectada a partir daquele momento em que me entreguei por inteiro.

Lembre-se de que Deus não deseja mantê-lo morto. Ele apenas quer matar aquilo que está matando você para trazê-lo a uma nova vida com Seu próprio **poder de ressurreição, autoridade e avivamento.**

UMA ADORAÇÃO DE TODO O CORAÇÃO

Quanto à adoração, tornar-se íntegro é tudo. Deus nunca Se interessou por nada menos do que todo o nosso coração, e Ele não é digno de algo aquém do que nosso amor indiviso. Ele é um **Deus ciumento**, que Se recusa a compartilhar Seus filhos com outros deuses, amantes ou interesses. **É o Senhor que faz aliança com Seu povo.** Deus não é idólatra ou polígamo, e sim fiel, leal e verdadeiro, e deseja ardentemente uma nação, assim como o apóstolo Pedro escreveu, que seja Sua "propriedade exclusiva" (cf. 1 Pedro 2.9). Um povo sincero, íntegro de coração e totalmente devoto.

Em sua obra clássica, *My all for Him (Para Ele todo o meu ser)*, Basilea Schlink capta o desejo de Deus de forma bastante clara:

> Porque Ele nos ama tanto, quer nos ter por inteiro. Jesus Se deu sem reservas por nós. Agora, anseia que nos entreguemos totalmente a Ele, com tudo o que somos e temos, para que Cristo seja verdadeiramente o nosso primeiro amor. Oferecer a Jesus qualquer coisa menos do que este primeiro amor é de pouco valor para Ele. Enquanto nosso amor for dividido, enquanto família, posses e coisas semelhantes significarem mais para nós do que Ele, então Cristo não considerará nossa afeição como algo genuíno. Na verdade, Ele não fará uma aliança com alguém cujo amor é dividido, pois um compromisso desta natureza requer um amor mútuo pleno. Jesus anseia por nosso amor. Mas como isso é muito precioso para Ele, espera por nosso compromisso sincero com o amor não dividido.[4]

---

[4] SCHLINK, Basilea. **My all for Him.** Darmestádio, Alemanha: Evangelical Sisterhood of Mary, texto original em alemão, 1969, traduzido para o inglês em 2017. Versão brasileira: SCHLINK, Basilea. **Para Ele todo o meu ser.** Uberlândia: Colab, 1979.

Comprometer-se de todo o coração com um amor não dividido é nosso **maior ato de adoração espiritual**, porque é o que Deus mais deseja. Em Romanos 12.1, isso está bem claro:

> Portanto, irmãos, suplico-lhes que entreguem seu corpo a Deus, por causa de tudo que ele fez por vocês. Que seja um sacrifício vivo e santo, do tipo que Deus considera agradável. Essa é a verdadeira forma de adorá-lo. (NVT)

Sem rendição, não existe adoração. Sem sacrifício, não existe oferta, nada a ser consumido. Reforma, avivamento, despertamento e o fogo sendo derramado, tudo isso são apenas palavras-chave para anunciar uma conferência, as quais não se realizarão até que alguém esteja disposto a entregar sua vida. Precisamos desesperadamente de líderes de adoração cheios do **fogo e da fragrância de Jesus**. Mas isso só é possível quando as nossas vidas são inteira e habitualmente colocadas no altar.

Há uma autoridade espiritual que espera para ser liberada sobre a Terra, uma glória pendente e um fogo sagrado. Mas isso tudo aguarda até que os íntegros de coração se levantem.

Aqueles que podem declarar verdadeiramente: "[...] o viver é Cristo, e o morrer é lucro" (Filipenses 1.21).

PELA ALEGRIA

Não é possível morrermos direito sem que haja uma alegria diante de nós. Há uma liberdade e uma felicidade indescritíveis esperando por aqueles que abandonarão todos os outros, desistirão de suas vidas e entregarão seus corações completamente a um único Senhor e Mestre. Algo muda dentro de nós ao nos darmos completamente a Jesus — a vontade e os desejos d'Ele passam a ser a maior prioridade de nossa vida.

Quando passamos a desenvolver um coração exclusivamente segundo o d'Ele, uma das primeiras coisas que percebemos é que o Céu começa a **nos responder**. Eu posso prometer que, quando você perceber que o Céu tomou conhecimento de sua vida, decisão e consagração, não haverá mais volta. Todos os aplausos dos homens, *status*, notoriedade, sonhos e ambições menores, tudo desaparecerá. Essas coisas parecerão como nada, sem importância alguma. **Nada na Terra pode, nem remotamente, tocar a glória do Céu e o sentimento do deleite de Deus quando Ele nos transpassa e purifica.**

Eu sei que existem centenas de criativos cativos que, no momento, estão presos a suas necessidades, sonhos, desejos, ambições egoístas, inseguranças, vazio interno e a sedução da fama. E você pode estar entre eles.

Sei o que é ser limitado por essas coisas.

Mas também conheço o que é ser **completamente** livre delas.

Escrevo isso para lhe dizer que **existe liberdade** no caminho de Jesus, na entrega da própria vida e rendição total. Liberdade na Cruz!

Liberdade em renunciar a todas as ambições terrenas e egoístas.

Liberdade em caminhar pelo portão estreito da rendição e da aliança; negar a si mesmo e prometer fidelidade total, não dividida, a Jesus. **A liberdade do primeiro amor**.

Passe por esses portões, e você encontrará um paraíso de beleza, novidade, vida, criatividade, propósito e abundância do outro lado — a liberdade e a alegria de viver em integridade de coração.

Se você nunca entregou totalmente sua vida ao Senhor, o que o impede? Recomendo que deixe este livro de lado e se ajoelhe. Dê a Jesus a única coisa que Ele realmente deseja. **Renda-se a Cristo por completo**. Entregue toda a sua vida. Não retenha nada. Coloque tudo no altar.

E observe. O fogo começará a cair.

CAPÍTULO 05

A TERRA DOS SEUS SONHOS

Vivemos em uma época em que sonhos são celebrados e incentivados, e eu louvo a Deus por isso! Precisamos de sonhadores que entrem em parceria com o Céu e permitam que os projetos de Deus para suas cidades, regiões, igrejas, indústrias e empresas fluam por meio deles como nunca. Os anseios que o Senhor colocou dentro de nós operam como sementes de esperança; quando plantados com sabedoria na terra, crescem e liberam os Seus propósitos redentores. A manifestação de Seus planos neste mundo são o sal e a luz, que dissipam as trevas e detêm a corrupção por onde quer que passem e sobre todos que são tocados.

Entretanto, também é por isso que os nossos sonhos são, muito frequentemente, um campo de batalha espiritual.

A terra dos sonhos é rica em promessas celestiais, mas também tem suas ciladas e armadilhas. Muitas vezes, vejo bastante confusão entre os cristãos em relação às ambições que enchem seus corações e quanto a forma como devem administrá-las e manifestá-las. No meu caso, por exemplo, meus sonhos já foram meus ídolos. Isso era justamente o que me impedia de me render e promovia minha desconexão com Deus, sendo, portanto, o principal obstáculo para que eu vivesse em integridade de coração.

Assim, talvez você possa imaginar, ao menos em parte, o conflito que me ocorreu, posteriormente, quando fui apresentado à ideia de sonhar com o Senhor. Eu podia sentir a vida do Espírito nisso. Mas, honestamente, não sabia o que fazer. Não tinha vontade de cair na mesma armadilha da qual acabara de escapar. Então, pedi sabedoria a Deus para lidar com isso e acredito que Ele me deu um pequeno *insight* nesse sentido, que compartilharei com você.

Oro para que esta revelação ajude muitas pessoas a navegarem bem por essas águas.

SONHOS SANTIFICADOS E SONHOS NÃO SANTIFICADOS

Este pode ser um resumo muito simplista, mas eu creio que os sonhos, geralmente, se enquadram em duas categorias: santificados e não santificados. O primeiro tipo é formado por aqueles nascidos da adoção espiritual, da plenitude de intimidade com o Pai e de uma conexão rendida com o Espírito Santo. O outro é proveniente da carne, da orfandade espiritual, da falta de identidade, relacionamento e conexão com o Senhor. A marca distintiva entre os dois é, quase sempre, **seu lugar de origem**. Sonhos gerados numa comunhão íntima, completa e rendida com Deus são santificados; já os originados em orfandade, desconexão, egocentrismo e ambição, não são. Em síntese, suas ambições serão tão saudáveis quanto seu nível de entrega e intimidade com Deus.

Podemos, então, questionar: "Mas e todos esses desejos dentro de mim? Quem, senão Deus, os colocou ali e como pode ser que buscá-los não seja a Sua vontade?". Essas são ótimas perguntas e as mesmas que eu tive de enfrentar. Permita-me começar afirmando a verdade: você não nasceu como uma folha em branco. Você é um ser formado por Deus, seus anseios profundos e dons únicos, realmente, falam acerca do propósito e desígnio de seu Criador.

O Senhor colocou melodia e ritmo dentro de meus ossos. Quando descobri a música, por conta própria, com meus doze anos de idade, literalmente senti que havia uma convergência com o divino; parecia uma troca sagrada. Instintivamente, sabia que a música seria muito mais do que um *hobby* ocasional ou um passatempo relaxante. **Isso eletrizou todo o meu ser; tomou-me e comoveu-me de maneiras indescritíveis**. Era bastante evidente, para mim e para os outros, que Deus havia me **marcado** para fazer algo nessa área.

No entanto, isso não significa que toda minha busca musical, daquele ponto em diante, era **santificada**. Longe disso! O mesmo vale para você. Não é preciso ter o dom da sabedoria para perceber que todos os seus sonhos não são, necessariamente, gerados por Deus, tampouco planejados **com Ele**. Só o fato de que o Senhor marcou seu coração com algo não significa que todas as suas tentativas de expressar isso são conforme a vontade d'Ele. Como John Wimber, o fundador do Movimento Vineyard, disse uma vez: "O caminho para entrar é o caminho a ser seguido".[1]

Deus plantou esperanças e sonhos dentro de você? Sim! Ele o projetou de maneira criativa e gloriosa para boas obras que transformam o mundo? Sim! Mas a porta de entrada para o cumprimento virtuoso deles é, antes de tudo, a união com Jesus em Sua morte e uma **rendição** contínua e diária à Sua vontade, enquanto seguimos a direção do Seu Espírito.

Posso dizer em primeira mão que tentar sonhar **com** Deus antes que a fonte de nossa vida **seja** Ele só nos levará à ruína.

---

[1] N. E.: WIMBER, John. **The way in is the way on**: John Wimber's teachings and writings on Christ. Garden City (EUA): Ampelon Publishing, 2006.

Para mim, agora, é óbvio que meu plano de jovem adulto de me tornar uma estrela do *rock* não era santificado. Mas isso **não** se deu porque o anseio em si não era santo. E faltou santidade porque não nasceu **com o Senhor**, mas longe d'Ele. Esse sonho não santificado veio de um buraco profundo que havia em meu coração, que ansiava por significado e reconhecimento, mas tentava tirar essas coisas de uma fonte errada. Olhando para trás, não tenho dúvidas de que isso teria destruído minha vida, minha família e meu futuro. Se eu tivesse, de alguma forma, conseguido me tornar um sucesso na música *mainstream* aos vinte e dois anos, agora estaria divorciado, viciado ou em situações piores. Em vez disso, por meio da entrega, eu não apenas vi a realização dos sonhos que Deus colocou dentro de mim, mas também a bênção tremenda que isso trouxe para minha família e a forma como Ele estabeleceu meu futuro em vez de frustrá-lo.

SONHOS DE DEUS

Se você já sabe que está caminhando para realizar um sonho de Deus, permita-me exortá-lo a ter cautela. Até mesmo os planos d'Ele, aqueles que nasceram perfeitos, podem se tornar não santificados se você começar a se desvincular da intimidade e rendição ao Senhor e procurar controlar o tempo e o resultado deles.

A maioria de nós já ouviu a história de Abraão e Ismael. Quando o patriarca tentou fazer a promessa divina se cumprir por conta própria, gerou dor, divisão e confusão (cf. Gênesis 16 e 21). Mesmo após receber o cumprimento de Deus para Sua promessa, com o nascimento de Isaque, o Senhor testou seu coração e lhe pediu para sacrificar exatamente o que Ele havia prometido (cf. Gênesis 22). Isso é extremo, mas a razão é clara: nada além d'Ele deve ocupar o trono de nossos corações. Nenhuma profecia. Tampouco uma promessa. Para o seu bem, Deus não pode e não vai permitir isso.

Isso iria naufragar sua vida, e não estabelecê-la.

Um sonho nascido em rendição ao Espírito jamais pode fluir por meio do nosso controle carnal. Descobri que a situação que exige a nossa **maior entrega** é quando Deus começa a **realizar** nossas aspirações. Não sei bem por que, mas **tendemos, quase sempre, a assumir o controle nesses momentos**. Contudo, na verdade, essa é a pior coisa a fazer. A maioria de nós está ciente da grande rendição exigida no fracasso, mas uma entrega ainda maior deve ocorrer em nosso sucesso. Talvez, se pudermos aprender esta simples verdade, o costume de ascender, chegar ao pico e decair, o qual a História quase cravou sobre cada movimento de Deus, consiga cessar.

O QUE ESTÁ ME CONDUZINDO?

É chocante como podemos estar cercados por tantas ferramentas de autoconsciência e, ainda assim, permanecer alegremente inconscientes das forças subjacentes que conduzem nossas escolhas e decisões. Os sonhos revelam e impulsionam, de forma poderosa, nossas vidas. Eles são capazes de nos mostrar coisas que costumavam permanecer ocultas. Caso você nunca os tenha observado atentamente, eu o convido a fazer isso. Considere esse ato como uma gentileza a você mesmo, pois pode salvá-lo de anos de frustração, dor e sofrimento. Não tenha medo de examinar suas ambições e se perguntar:

O que está me conduzindo? O que está movendo tudo isso? Com toda honestidade, quão pura é a minha motivação? Isso flui de um desejo sincero de viver plenamente para o Senhor, de todo o meu coração? O que está por trás disso é, de alguma forma, duvidoso? Está enraizado na intimidade e rendição? Ou em outra coisa?

Se você, de fato, deseja que esse processo seja eficaz, peça ao Espírito Santo para lhe mostrar o que realmente está acontecendo em seu coração. Eu sei que Ele irá ajudá-lo. Se você é casado, pergunte também ao seu cônjuge. Muitas vezes, eles são capazes de perceber coisas em nosso coração que nós mesmos não conseguimos. Se você é solteiro, busque conselhos sábios em pessoas cheias do Espírito, que o amam e lhe dizem a verdade.

Talvez o Senhor lhe mostre que você está no caminho certo e o incentive a permanecer assim. Pode ser que Ele revele uma pequena correção de curso a ser feita, questões como tempo incorreto, abordagem equivocada ou um pouco de mentalidade errada. Talvez, ainda, lhe mostrará que é necessário voltar à estaca zero e o convidará a abandonar o sonho totalmente. Se Deus lhe pedir para fazer isso, encontre coragem na resposta de Abraão. Ele estava disposto a sacrificar seu filho, porque se lembrou de uma coisa muito importante: **Deus pode ressuscitar os mortos.**

Faça o que fizer, não lute contra Ele. **Renda-se.** Tenha em mente que Deus não está tentando roubar você, mas trabalhando para o estabelecer. As únicas coisas verdadeiramente seguras são as que você Lhe confia. A única maneira de dar fruto é se manter em uma conexão permanente com Ele. Seus sonhos são algo que o Senhor deseja fazer **com** você, a cada passo ao longo do caminho. São a história que Ele deseja **construir ao seu lado** e moldar **por meio** de você. Tudo foi feito para levá-lo a Deus, aprofundando sua conexão, aumentando sua fé, seu prazer, sua alegria, seu amor e sua adoração.

Uma realização sem Jesus simplesmente não nos satisfaz — é totalmente oca e vazia. Mesmo os menores sonhos que você concretizar **com** Ele lhe trarão infinitamente mais felicidade do que aqueles que alcançar sozinho, por maiores que sejam.

Se você nunca entregou seus anseios ao Senhor, não hesite. Não perca mais um dia desconectado. Entregue a Deus todos os seus planos. Compartilhe e submeta-os a Ele. Coloque-os em Suas mãos. **Comece a entronizá-lO na terra dos seus sonhos.** Uma maneira muito prática de fazer isso é aprender a orar por tudo. A oração é um ato de rendição e dependência. Faça isso sempre que for passar a visão para uma equipe, também ao elaborar estratégias, planejar, pensar em novas ideias ou sonhar. Ore no início, no meio e no fim.

Entregue todos os seus caminhos a Ele. Deixe que Deus conduza e estabeleça os sonhos do seu coração e a obra das suas mãos.

CAPÍTULO 06

NASCIDOS DO ESPÍRITO

Sem dúvida, a nossa maior necessidade atualmente é de homens e mulheres cheios do Espírito Santo. Não faltam cantores, comunicadores, compositores, líderes musicais talentosos ou canções que alcançam as grandes massas. Hoje em dia, mais do que nunca, temos isso de sobra. Mas o que precisamos desesperadamente é a forte presença e poder do Espírito fluindo através de vasos rendidos. É Ele Quem **faz toda a diferença**. Tenho plena convicção de que mesmo a pessoa mais desqualificada e menos habilidosa, **se for submetida ao Espírito**

Santo, pode realizar muito mais do que uma multidão que possui todo dom natural e carisma do mundo.

Necessitamos, urgentemente, de verdadeiros **líderes de adoração**. A diferença entre eles e os líderes musicais **é o Espírito Santo**. Quase qualquer pessoa consegue tocar quatro acordes e conduzir as demais a cantarem um refrão. Mas a verdadeira liderança de adoração é uma atividade habilitada por Ele. Trata-se de aprender a direcionar e cantar no Espírito, com o Espírito e pelo Espírito. O que Paulo escreveu aos filipenses deixa isso claro: "Porque nós [...] adoramos a Deus no Espírito e nos gloriamos em Cristo Jesus [...]" (Filipenses 3.3). Sem Sua presença e capacitação, nosso louvor não passa muito do chão. É o Seu toque, tanto em uma música quanto em um líder, que faz os corações se abrirem e libera a adoração e a fragrância que Deus anseia.

Não houve um único momento de adoração santo e ungido no qual eu tenha entrado em que não estivesse diretamente engajado em fazer aquilo que senti o Espírito Santo imprimir em meu interior. A primeira vez que regi a música "Pai Nosso"[1] foi sob a orientação d'Ele. Estávamos em um culto de louvor de domingo à noite, e havia se passado quarenta e cinco minutos. O *set* estava indo muito mal, por isso eu só queria que acabasse. Porém, lembro-me de ter feito uma oração

---

[1] N. T.: MEIER, Marcus. **Our Father**. Intérprete: Jenn Johnson. *In*: RIDDLE, Jeremy et al. *For the sake of the world*. Redding: Bethel Music, 2012. 1 álbum, faixa 2 (78 min.).

um tanto hesitante: **"Esperamos que venha e mostre a Sua glória aqui hoje..."**. Então, basicamente, desisti. Mas quando meu colíder iniciou a música seguinte, algo aconteceu entre nós.

Sua glória começou a **se manifestar fisicamente**.

Não pudemos perceber de imediato, só que, de repente, a atmosfera mudou e o ar estava brilhando naquele lugar. Houve uma agitação na multidão. Apenas uma música me vinha à mente, e eu mal a conhecia. Não tínhamos ensaiado e não estava no *setlist*, só que eu não conseguia me livrar da sensação de que deveria ministrá--la. Então, antes que pudesse lembrar se sabia toda a letra ou não (e não sabia), juntei a coragem dentro de mim e comecei a cantar baixinho: **"Pai nosso, que estás no céu, santo é o Teu nome..."**.[2]

Naquele momento, a glória de Deus passou a se intensificar visivelmente no salão de culto. Nunca me esquecerei de quando vi o ar, em frente ao meu rosto, começar a brilhar e cintilar da forma mais desconcertante possível. Uma coisa é cantar: **"Venha o Céu"**, outra bem diferente é vê-lo fisicamente manifesto diante de nossos olhos **enquanto entoamos isso**.

Por alguns instantes, pude experimentar a adoração como ela deve ser. Enquanto a glória do Senhor ocupava o centro de tudo, o palco em que eu estava começou a desaparecer. Entre nós, não havia mais pessoas

---

[2] N. T.: *Ibid.* (tradução livre).

"especiais", com títulos "importantes". Todos eram simplesmente adoradores com os olhos erguidos em direção ao Céu, maravilhados e encantados.

NUNCA VOLTAR ATRÁS

A vida com o Espírito Santo "estraga" o comum para nós. Quando provamos o que está disponível, por meio de uma parceria simples e submissa à direção d'Ele, nunca mais queremos viver de outra maneira. Sua liderança transforma, consistentemente, as interações mais comuns em encontros marcantes; os *sets* de adoração mais simples, em momentos celestiais; e as pessoas mais ordinárias, em líderes extraordinários. Inclinar-se à Sua voz é o que abre a porta para o poder sobrenatural. Quando Ele vier sobre a nossa vida, nós faremos, diremos, cantaremos e escreveremos coisas que estão muito além de nossos dons, de nossas habilidades ou capacidades naturais.

Se eu pudesse dividir meu "ministério" em duas eras, a primeira seria marcada pela total ignorância em relação à liderança do Espírito Santo ou a como segui-lO. A segunda, em contrapartida, por uma busca intencional de Sua direção e obediência constante a tudo aquilo que Ele me inspirou a fazer ou ministrar. Realmente, não há como comparar as duas eras. Em uma, vi pouquíssima ação espiritual. Na outra, no entanto, vi mais do que sonhei ser possível. A primeira foi preenchida por muitos *sets* de adoração, lindos e doces, de trinta minutos. Contentei-me apenas por ter a chance de liderar e cantar; fiquei satisfeito com a programação da igreja, com quatro ou cinco canções, com uma ótima banda, uma pregação sólida e um almoço depois.

Mas **tudo** mudou quando vi o Espírito Santo ganhar espaço.

Comecei a notar que certas pessoas tinham algo que me faltava — **uma sensibilidade real ao Espírito**. Elas conseguiam reconhecer quando Deus queria fazer algo em uma reunião; e quando agiam, **tudo mudava**. Deixamos de ser uma igreja normal e agradável para nos tornarmos uma comunidade que recebe o peso de Sua presença caindo como uma bomba no salão, fazendo as pessoas serem radicalmente tocadas e libertas e se tornarem livres.

Ao testemunhar o Céu invadindo o lugar, vez após vez, apenas porque alguém foi sensível ao Espírito Santo e fez o que lhe foi pedido, um fogo começou a **queimar** dentro de mim. Fiquei desesperadamente faminto por conhecê-lO daquela mesma maneira. Sabia que não poderia mais viver sendo ignorante à Sua voz e liderança e comecei a clamar para que Se revelasse a mim.

Ele está fielmente respondendo essa oração até o dia de hoje.

A PRESENÇA É UMA PESSOA

Tudo o que é feito com Deus começa e termina em relacionamento. Quando se trata do derramamento do Espírito Santo, não é diferente. Seu poder não é liberado ao descobrirmos as fórmulas, atuações ou rituais religiosos corretos. Ele é derramado quando começamos a nos mover com entendimento e comunhão com o Senhor.

Sei que o termo "presença" se tornou a nova linguagem para nos referirmos ao Espírito Santo na igreja. Talvez essa expressão nos tenha feito sentir mais seguros ou nos pareceu mais palatável. Falamos sempre **"presença isso"** e **"presença aquilo"**, ou **"você sentiu a presença naquele momento?"** e ainda: **"havia tanta presença naquele lugar!"**.

Usei esse termo tanto quanto qualquer outra pessoa e estou longe de ser contra ele. No entanto, é vital entendermos que não estamos falando acerca de uma força abstrata e mística.

A "presença" é uma Pessoa.

Isso pode parecer algo muito básico e elementar, mas se não mantivermos essa expressão ligada à Pessoa do Espírito Santo, **perderemos o convite de conhecê-lO e nos movermos com Ele.** Não é uma névoa, uma nuvem, uma vibração ou uma atmosfera — **Ele é uma Pessoa.**

Quando dizemos: **"A presença veio tão fortemente!"**, significa que a Pessoa do Espírito Santo **"veio e Se manifestou intensamente"**. Assim como minha "presença" nunca está desconectada de mim, a d'Ele também não funciona sem Seu dono. Fazemos coisas muito prejudiciais quando desumanizamos nosso próximo. Da mesma forma, colocamo-nos em perigo quando impessoalizamos Sua **Pessoa**. Uma "presença" abstrata não tem coração, sentimentos, desejos, sensibilidade, tristeza, consciência, proximidade, soberania ou santidade; **mas o Espírito Santo, com toda a certeza, tem**. Quando falamos sobre Ele, devemos procurar fazer isso sempre de uma maneira que O honre como indivíduo.

Muitos de nós fomos tragicamente treinados para vê-lO como uma "experiência" cristã opcional — reservada apenas aos carismáticos ou aos crentes superespirituais. Outros, ainda, limitaram-nO, sem saber, a um único encontro que aconteceu durante um apelo no altar, um momento de ministração ou um acampamento de jovens. Contudo, Ele é infinitamente mais do que isso! **O Espírito Santo é o relacionamento duradouro que todo cristão deve ter, todos os dias de sua vida.** Ele é Aquele que nos foi dado por Jesus para nos direcionar, guiar, preencher, convencer, confortar, ensinar, para ter comunhão conosco e nos capacitar a cumprir nosso propósito aqui na Terra. **Nunca** fomos feitos para viver, ter um ministério ou liderar sem Ele.

Inúmeras pessoas O **encontraram**, mas pouquíssimas aprenderam a **andar com Ele**.

EM SINTONIA COM O ESPÍRITO

Seguir o Espírito Santo não é sobre "a hora da ministração" na igreja; **trata-se de uma maneira inteiramente nova de viver.** Experimentar um encontro com Ele é maravilhoso, mas esse deveria ser apenas o ponto de partida de uma jornada, não o destino. Uma das escrituras mais citadas da Bíblia são as palavras de Paulo aos gálatas, dizendo-lhes: "Se vivemos no Espírito, andemos também no Espírito" (Gálatas 5.25). Aprender a permanecer alinhado com Ele pode parecer algo muito simples [na verdade, é], mas é profundamente desafiador. Uma numerosa quantidade de pessoas e igrejas falha em suas tentativas de **manter a sintonia com o Espírito** porque subestima quão radical é a reestruturação que se faz necessária.

A qualidade distintiva da liderança cristã é que se trata menos de **guiar** e mais de **seguir**. Li diversas obras sobre esse assunto, uma após outra, e sou muito grato pela sabedoria transmitida. No entanto, antes de qualquer um de nós ser chamado a liderar, somos convocados a **acompanhar**. A maneira de caminhar com Jesus, deste lado do Céu, é nos mover de acordo com Aquele que Ele enviou para nos ajudar quando foi embora, o **Espírito Santo**. Se quisermos nos tornar verdadeiros líderes espirituais, então nosso maior objetivo é sermos cheios e guiados pelo Espírito. Nossa principal tarefa, todos os dias, é ser um povo que está em sintonia com Ele.

A respeito disso, tudo o que posso compartilhar é minha própria jornada. Nunca tive de me esforçar para conseguir avançar e liderar, mas, certamente, precisei lutar para que pudesse seguir e me submeter. Normalmente, gosto de estar no controle, de ter um roteiro. Eu costumava ter todos os meus *sets* de adoração meticulosamente esquematizados. Sabia como começavam, terminavam e tudo que ocorria ao longo desse percurso. Então, quando decidi embarcar na jornada de aprender a me manter **em sintonia com o Espírito**, tive de renunciar a todo aquele domínio e me comprometer com uma postura totalmente nova. Esse não era apenas um pequeno ajuste na minha vida espiritual, mas uma **reorientação radical** nela. Precisei abraçar firmemente minha nova posição como "líder subordinado" em todos os momentos e em tudo o que fazia. Travei uma guerra diária contra minha natureza independente, porque os líderes subordinados **não** agem dessa forma. Tive de romper com todas as minhas velhas maneiras de preparar, conduzir e executar, para que pudesse adotar um modo totalmente novo de colaborar em rendição.

Seguir o Espírito Santo não é algo a se fazer somente em nossas designações "espirituais", mas envolve toda nossa vida e processos de tomada de decisão. É cultivar um coração que busca, continuamente, Seu direcionamento e obedecer, de boa vontade, à Sua voz. É aprender a convidá-lO ao diálogo — para, constantemente, comungar com Ele e O consultar. À medida que entendi como conversar com o Espírito Santo, descobri o quanto Ele tem a dizer sobre minha vida, minha igreja, minhas atribuições, meus *setlists*, minha esposa, meus filhos, minhas finanças, meus relacionamentos, minha alimentação, meu consumo de bebidas, minha rotina... **Tudo**.

No início desse processo, eu estava chocado por perceber quão pouco confiava n'Ele ou pedia Sua ajuda e orientação. Lembro-me de reconhecer, meio sem jeito: "Você provavelmente está esperando que eu O introduza à conversa há muito tempo, não é?". Também não pude deixar de pensar em como era frustrante quando os líderes abaixo de mim saíam fazendo as coisas, presumindo saber o que eu pensava ou queria, **sem nunca conversar ou verificar comigo**. Mesmo que ainda seja culpado por fazer isso de vez em quando, continuo me arrependendo e lutando por uma postura de contínua submissão e sensibilidade ao Espírito Santo.

Desde o dia em que assumi o compromisso de segui-lO, não importa o que aconteça, não houve um único *set* de adoração que tenha ocorrido de acordo com o que eu tinha planejado — Ele interrompeu todos (qualquer músico com quem já toquei pode atestar). Isso costumava me assustar, mas, agora, apenas presumo com alegria que acontecerá. Por mais complicada que seja a jornada, aprendi que ser conduzido por Ele sempre traz um **verdadeiro romper espiritual**.

Eu encorajo você a também comprometer sua vida e liderança com o Espírito Santo. Essa nova forma de viver e liderar, em rendição, certamente tem seus desafios. Contudo, é muito mais vivificante, cheia de alegria e imersa no Céu do que as nossas alternativas. Uma vez que essa postura, submissa e de comunhão, estiver estabelecida em nós, ela se tornará tão natural quanto respirar.

E você nunca mais desejará voltar ao modo como era antes.

TOTALMENTE RENDIDO

Ainda acho engraçada a quantidade de processos que atravessei, habilidades que desenvolvi, ferramentas de liderança que adquiri e temporadas intensivas de trabalho pelas quais passei, apenas para descobrir que a chave sempre foi **render-me ao Espírito Santo**. Alguém mais acha irônico quantos anos de esforço levamos para, finalmente, aprendermos a desistir? O período que é necessário para pararmos de tentar impressionar e agradar as pessoas, e **simplesmente nos entregarmos?** A maturidade espiritual é formada naquele que aprendeu a se submeter ao Espírito Santo; esperando, escutando, ouvindo e obedecendo.

Quanto maior a rendição, maior o poder.

A verdadeira autoridade espiritual não flui através de pessoas importantes, mas daqueles que se rendem. Somente quem escolheu se tornar fraco e esvaziado de si será preenchido com ela. Mas esse é o obstáculo em que a maioria de nós continua caindo. Seja por medo ou falta de fé, relutamos em abdicar do nosso poder para sermos cheios do Espírito. Continuamente, recuamos para a segurança familiar de nossos próprios métodos comprovados.

Mas nenhuma rendição resulta em nenhum poder.

Houve um tempo em que pensei que o maior obstáculo para uma **"demonstração do Espírito e de poder"** (cf. 1 Coríntios 2.4) na igreja, atualmente, estava enraizado na oposição teológica. No entanto, comecei a perceber um problema muito maior, que é a nossa luta contra a rendição e nosso medo de renunciar ao controle. Falar sobre isso é algo apreciado, popular, mas exemplos públicos são raros. Pode ser uma pregação inspiradora; entretanto, trata-se de uma realidade profundamente desconfortável. Essa entrega tira as coisas de nossas mãos e de nosso comando. É arriscada e imprevisível, especialmente quando não sabemos para onde nos levará.

Acredito que boa parte da Igreja tenha fome de avivamento, anseie por um mover do Espírito, queira ver o Céu invadir a Terra e as "coisas superiores" irromperem. Mas, simultaneamente, falha em submeter seus planos, agendas ou produções à liderança do Espírito Santo. Por isso, enxerga de maneira insuficiente. Gostamos de gritar: **"Senhor, faça o que quiser nesta noite!"** em nossos momentos de oração antes do louvor. Só que, a cada novo culto, continuamos escolhendo a consistência de nossas programações, *setlists* comprovados e resultados controlados, em vez de arriscar seguir Sua voz. Semana após semana, preferimos nosso domínio em vez da rendição e, ainda assim, nos perguntamos por que não há poder.

Oh, como eu gostaria que estivéssemos menos deslumbrados com o que podemos realizar com nossas próprias forças! Continuamos nos impressionando com o crescimento e com os números de nossa comunidade quando, na verdade, a Igreja nos Estados Unidos está em declínio massivo. Estamos maravilhados com nossos cultos "relevantes" e pastores modernos, enquanto a cultura ao nosso redor continua a decair em um abismo de caos moral e injustiça. Por quanto tempo ficaremos apaixonados pelo que podemos realizar com a nossa própria capacidade e permaneceremos cegos para a nossa falência? Quanto levará para acordarmos e percebermos que nossos maiores esforços são completamente fracos em comparação aos **Seus caminhos, Seus planos e Seu poder** e nos entregarmos totalmente a Ele?

O romper que ansiamos ver em nossas nações, cidades, comunidades e em nossas igrejas está **a apenas um sopro de distância.**

Basta um encontro com Sua forte presença para saber que os corações mais duros podem derreter, as doenças mais incapacitantes podem ser curadas e as situações mais impossíveis podem mudar, **unicamente com um toque de Suas mãos e uma gota de Seu poder.**

Ele está presente. Está esperando. E está pronto para agir.

A questão é: **estamos prontos para nos render?**

CAPÍTULO 07

A VERDADE IMPORTA

Enquanto crescia, nunca percebi o quanto considerava a verdade como algo que já estava garantido. Eu simplesmente presumi que a Igreja sempre se apegaria à Palavra escrita de Deus, porque isso é exatamente o que ela **faz**, certo? **Acredita na Bíblia**. Pelo menos, essa era a firme convicção que meus avós e pais tinham, então imaginei que fosse universal.

Eu não fazia ideia do quanto foi custoso, para as gerações anteriores, estabelecer e defender as Escrituras como inquestionáveis e como o direcionamento para a vida cristã. Definitivamente, não havia compreendido quão frágil aquele trabalho realmente era e **quão rapidamente poderia desmoronar**. Agora, estou bastante sóbrio. Não sei se nossa instabilidade neste momento se dá porque a guerra pela verdade nunca foi tão forte ou porque a resistência da Igreja ao engano nunca esteve tão fraca. Ambos parecem reais. Sei apenas que é necessário que a Palavra seja vista em nós e proclamada por nós. Isso é de importância crítica em nossos dias.

O versículo sobre a adoração mais citado na Bíblia é aquele que registra Jesus falando com a mulher no poço e declarando:

> Mas vem a hora — e já chegou — em que os verdadeiros adoradores adorarão o Pai em espírito e em verdade. Porque são esses que o Pai procura para seus adoradores. Deus é Espírito, e é necessário que os seus adoradores o adorem em espírito e em verdade. (João 4.23-24)

O primeiro atributo daqueles pelos quais Deus está buscando é ser um povo que O adore **em espírito**. O segundo é a **verdade**. Esta pode não receber tanta atenção (especialmente entre os criativos) como o coração e o espírito, mas as palavras de Jesus conferem **igual ênfase** à sua importância. Não deveria nos surpreender o fato de que Deus insiste em ser adorado **por quem Ele realmente é**. O Senhor não é honrado por meio de ignorância ou falsidade. Ninguém é. Nenhum de nós aprecia ser homenageado por algo que não somos.

Somente a **verdade** tem o poder de exaltá-lO.

Se nossa adoração carece desse atributo, ela falha em atrair, ministrar ou honrar Aquele a quem estamos glorificando.

O QUE TORNA A ADORAÇÃO ADORÁVEL?

A humanidade tem adorado desde o início dos tempos. Ativamente, elaborou todos os tipos de deuses e com eles uma variedade infinita de rituais e práticas religiosas. Isso é feito com o objetivo de nos conectar, apaziguar e suplicar a esses mesmos ídolos. É importante notar que, qualquer que seja a prática de culto, está consistentemente **sujeita** às divindades. Até os pagãos entenderam que o único que pode determinar se um ato de adoração é realmente "adorável" é **aquele a quem ele se dirige**. Portanto, cada expressão de devoção deve ser personalizada de acordo com a singularidade do próprio deus em questão.

Embora o louvor ao nosso Deus — o Deus único, verdadeiro e vivo — seja distinto em quase todos os aspectos, **é semelhante nesse ponto**. Sim, Ele deseja adoração. Sim, está procurando adoradores. Mas é muito **específico** sobre o **tipo** de adoração que deseja e o **tipo** de adorador pelo qual procura. Felizmente para nós, Ele não deixou essas especificações ambíguas ou obscuras. Pelo contrário, deu-nos um livro enorme, a Bíblia — repleto de revelações sobre quem Ele é, o que Seu coração anseia e quais ofertas de louvor Lhe agradam.

Há algo muito simples que estou tentando mostrar: **adoração só é adoração quando agrada a Deus**. Não importa se é um ato que **se parece** com isso ou se é rotulado como se fosse, muito menos se está categorizado como "canções inspiradoras" no iTunes; nem mesmo se é interpretado por todos os líderes de louvor em todos os cultos ao redor do mundo.

Se não é algo que Deus gosta, não é adoração.

O CONHECIMENTO DE DEUS

Toda adoração começa com alguma forma de conhecimento sobre Deus. O louvor ao Senhor e a compreensão d'Ele são inseparáveis. Sem isso, não temos a menor ideia de **como** honrá-lO. Não sabemos nada sobre o que Ele exige de nós ou de como Lhe entregar algo que agrade Seu coração. É somente o entendimento do Senhor que nos dá essa visão. Sem ela, somos pessoas tateando no escuro.

A revelação é o que alimenta e informa a adoração. Mas, mesmo com sua clareza, fico impressionado com a rapidez que temos para sair do eixo, e o culto se transformar em algo que "nos move", mas **não O move**. Muitas vezes, Israel realmente pensou que Deus Se deleitava no sacrifício de touros e ovelhas. Frequentemente, eles acreditavam, com sinceridade, que Ele estava satisfeito com suas práticas religiosas, em vez da postura de seus corações e vidas. Vez após vez, Deus teve de interromper Seu povo em meio ao fervor de sua atividade de adoração religiosa e declarar: **"Isso NÃO é o que eu procuro!"**.

> Chega de seus ruidosos cânticos de louvor! Não ouvirei a música de suas harpas. Em vez disso, quero ver uma grande inundação de justiça, um rio inesgotável de retidão. (Amós 5.23-24 – NVT)

Eu amaria pensar que isso não se aplica mais a nós, mas estou descobrindo que podemos ser igualmente culpados. Deus nunca esteve interessado em um bom *show* religioso. E nunca estará. Ele não está procurando por um grande grupo de cantores ou um monte de pessoas que aperfeiçoaram o catálogo, cada vez maior, de moveres de adoração carismáticos. Acho que Ele nunca olhou para baixo, do Céu, e disse: **"Sim, lá vão eles de novo. Cantando, agitando-se e balançando. Rapaz, adoro quando fazem isso"**. Essa nunca foi a Sua "praia".

O que Deus busca é um povo que **realmente O conhece**, que caminha na revelação de **Sua verdade**.

O profeta Oseias registra o próprio Senhor falando:

> Pois quero misericórdia, e não sacrifício; conhecimento de Deus, mais do que holocaustos. (Oseias 6.6)

Sem o conhecimento de Deus, nenhum adorador tem qualquer garantia de que suas atividades religiosas, ofertas ou eventos são realmente **agradáveis a Deus** ou de que essas são as coisas as quais deseja. Um povo sem essa compreensão não somente **perde** a conexão com Deus, mas também é **arruinado** por conta dessa falta. O profeta Oseias novamente nos expõe o Senhor falando sobre esse assunto:

> O meu povo está sendo destruído, pois lhe falta o conhecimento. Pelo fato de vocês, sacerdotes, rejeitarem o conhecimento, também eu os rejeitarei, para que não sejam mais sacerdotes diante de mim [...] (Oseias 4.6)

Essa é uma palavra de sobriedade para qualquer levita dos dias modernos.

A pergunta que precisamos nos fazer é: **nós conhecemos a Deus?** Temos passado tempo estudando sobre quem **Ele** demonstrou ser em Sua Palavra ou simplesmente nos dedicamos a músicas, livros e *feeds* de mídias sociais das outras pessoas? Se as nossas composições servirem de indicativo, precisamos parar de gastar nossas vidas vivendo indiretamente por meio da revelação dos outros para obter a nossa. Necessitamos nos comprometer a aprofundar nosso conhecimento individual de Deus por meio do aprendizado consistente e cuidadoso da Sua Palavra.

O PROPÓSITO DA TEOLOGIA

Recentemente, perdemos um dos grandes teólogos e homens de fé de nossos dias, J. I. Packer.[1] Compartilho sua citação desde o primeiro dia em que a li, quase vinte anos atrás.

> Teologia é para doxologia e devoção — isto é, o louvor a Deus e a prática da piedade.[2]

É muito importante que os líderes de adoração entendam isto: **teologia é para doxologia**. O que significa que o objetivo de estudar Deus é **adorá-lO**. Não é para se gabar, tornar-se elitista, com *pedigree*. Mas para nos permitir entrar em um nível maior de **devoção**.

Assim que me dei conta disso, um grande fogo se acendeu em mim. De repente, percebi que os adoradores deveriam ser os **maiores teólogos**. A aprendizagem aprofundada da Palavra de Deus foi deixada somente para os estudiosos e intelectuais, mas deve ser igualmente reivindicada pelos artistas, músicos e poetas. Se a nossa missão

---

[1] N. E.: James Innell Packer (1926-2020), autor do livro *O conhecimento de Deus* (1973), foi um teólogo inglês "amplamente reconhecido como um dos divulgadores teológicos mais influentes do século XX". Para saber mais, acesse *https://www.thegospelcoalition.org/blogs/justin-taylor/j-i-packer-1926-2020/*. Acesso em agosto de 2021.

[2] PACKER, J. I. **Teologia concisa**: um guia de estudo das doutrinas cristãs históricas. 3. ed. São Paulo: Cultura Cristã, 2015.

como líderes de louvor é levar as pessoas à doxologia (adoração), então recebemos o privilégio de estarmos entre as maiores mentes teológicas de nossos dias.

Devemos deixar os dias passados de ignorância bíblica e preguiça acadêmica para trás e **mergulhar na Palavra de Deus**. Amor e honra não têm poder a menos que sejam **abastecidos por conhecimento e revelação**. Quanto menos você souber sobre Deus, mais difícil será exaltá-lO.

Quanto mais você se banquetear d'Ele, mais adoração jorrará de você.

VERDADE E AMOR

O amor é inerentemente fascinado pelo objeto de sua afeição. Não se pode evitar. Ele é naturalmente obcecado. Para um amante, não é uma tarefa difícil ou tediosa estudar aquele a quem seu coração anseia. Ele está sempre intrigado e desejoso de fazer uma extensa pesquisa da pessoa ou coisa amada.

De alguma forma, sabemos intuitivamente que causar um forte impacto no coração de alguém exige que **o conheçamos de maneira profunda**. Seja por experiência positiva ou negativa, qualquer pessoa que já namorou sabe a importância disso. Quando o primeiro Dia dos Namorados ou aniversário chegar, apenas aqueles que estudaram cuidadosamente seu amante e trouxeram um presente que demonstra percepção e atenção ao seu íntimo são substancialmente recompensados. Aqueles que, por outro lado, só aparecem com um presente simbólico (os típicos chocolates e flores) podem se safar por um tempo, mas, se não aprofundarem sua busca, deixarão de surpreender o coração da pessoa amada.

O princípio ao qual quero chegar é este: **o que você estuda sempre revela o que você ama**.

É aqui que devemos abordar a incoerência que há na comunidade de adoração. Provérbios 19.2 diz: "De nada adianta o entusiasmo sem conhecimento" (NVT). Só que isso é, frequentemente, presente entre nós. Muitos escrevem declarações e canções ardentes e doentes de amor para Jesus, **mas pouquíssimos O estudam**. Falta alguma coisa. Dizer: "Eu o amo, Jesus!", mas nunca ter se debruçado sobre os Evangelhos, em um estudo dedicado e fascinado sobre Sua vida e palavras, **simplesmente carece de convicção**. É **oco**. É bem possível que você esteja apenas apaixonado pela **ideia** d'Ele, e não por quem Ele realmente é. Estudá-lO, e descobrir Sua verdade, **evidencia o amor genuíno**.

Esta geração pode ser a mais autoconsciente da História. Fizemos todo tipo de teste de personalidade que existe e enchemos nossas estantes e aparatos eletrônicos de leitura com sabedoria. Nós nos tornamos especialistas em "amor-próprio" e "autocuidado" e educamos livremente nossos amigos, família, primos distantes, cônjuges, animais de estimação, vizinhos e amigos do Facebook sobre a arte e a complexidade envolvidas em "nos amarmos".

Conhecemos as cinco linguagens do amor e, de bom grado, dizemos quais são as que mais nos ministram.

Aprendemos muito sobre como amar a nós mesmos e bem pouco sobre como amar ao Senhor.

Eu me pergunto se nos preocupamos em perguntar a Deus quais são suas principais linguagens de amor. Ou se procuramos conhecer a profundidade e complexidade de Seu coração na mesma medida em que buscamos conhecer o nosso. Uau! Quanto poder transformador começaria a fluir de uma comunidade que **aprecia Suas palavras e as prioriza acima de tudo!**

Já estamos vivendo no tempo em que as pessoas são "amantes de si mesmas" (cf. 2 Timóteo 3.2). Isso tem se infiltrado cada vez mais na área de adoração. Então, **eu encarrego você**: seja alguém que está em total contraste com esta geração. Seja alguém que abandona sua obsessão por si e assume uma sede e uma fome insaciáveis **de conhecê-lO**. Seja alguém cheio de conhecimento e revelação de Sua Palavra. Seja alguém que pode ler o salmo 119 e sentir que encontrou um amigo.

Seja alguém que se coloca tão firmemente sob a autoridade das Escrituras, que a autoridade delas **começa a fluir através de você**.

COMO VAI A ADORAÇÃO, ASSIM TAMBÉM VAI A IGREJA

Belinda Huang notou que "a música tem o poder de influenciar cultural, moral e emocionalmente nossa sociedade".[3] Isso não é diferente na Igreja. Uma das verdades mais preocupantes sobre as canções de adoração é que elas são portadoras e orientadoras culturais. Elas conseguem ter mais autoridade para estabelecer os comportamentos em uma igreja do que a pregação. Vi esse fenômeno acontecer por meio de vários movimentos, inúmeras vezes, apenas em meu curto período de vida. Não é difícil perceber como os cultos da Bethel, Hillsong[4] e Elevation[5] impactaram dramaticamente os costumes das igrejas de todo o mundo. O louvor sempre foi o precursor.

Esse fato carrega consigo um peso e uma responsabilidade preocupantes. Podemos ir ainda mais longe: **como vai o movimento de adoração, assim também vai a Igreja**. Essa pode não ser toda a realidade sobre o assunto, mas há muita verdade nisso.

O que cantamos se torna cultural.

---

[3] HUANG, Belinda. **What kind of impact does our music really make on society?**. Publicado por *Sonicbids* em 24/08/2015. Disponível em *https://blog.sonicbids.com/what-kind-of-impact-does-our-music-really-make-on-society*. Acesso em julho de 2021.

[4] N. E.: Hillsong é uma igreja fundada por Brian e Bobbie Houston em 1983, em Sydney, na Austrália. Atualmente, está presente em 28 países ao redor do mundo. Mais informações: *https://hillsong.com/pt/about/#*. Acesso em agosto de 2021.

[5] N. E.: Elevation é uma igreja fundada por Steven Furtick em 2006, na Carolina do Norte, nos Estados Unidos. Assim como a Hillsong, possui influência mundial. Mais informações: *https://elevationchurch.org/pt/*. Acesso em agosto de 2021.

Se tivermos olhos para ver, perceberemos que o movimento de louvor moderno reinventou os costumes da Igreja em nossos dias. Alguns viram isso como algo positivo, e outros, como negativo. Acho que os efeitos das canções tendem a ser tão saudáveis quanto as culturas de adoração das quais surgem e o nível de conhecimento que carregam. Mas o que realmente estou tentando é chamar a atenção para o tremendo peso que isso coloca nas comunidades de louvor, para não serem apenas precursoras de comportamentos, mas **precursoras na verdade**.

Se o que cantamos se torna cultural, então **é melhor que seja algo genuíno**.

UM RETORNO À PALAVRA

Não acho que estou exagerando quando digo que a negligência da verdade e da sã doutrina, entre as comunidades de adoração e as igrejas em geral, trouxe consequências devastadoras. Esse pecado obliterou nosso sistema imunológico espiritual e nos deixou suscetíveis a todos os vírus de confusão e engano. Muitas igrejas e movimentos cristãos estão permitindo, cada vez mais, que as mentes voltadas para o erro e a justificação do mal distorçam, subjuguem, amenizem e alterem os claros mandamentos de Deus.

A única coisa que pode deter o "desbotamento" espiritual, que cai rapidamente sobre o corpo de Cristo e nos deixa em alerta, é "[...] a espada do Espírito, que é a palavra de Deus" (Efésios 6.17). A Palavra é "[...] mais cortante do que qualquer espada de dois gumes, e penetra até o ponto de dividir alma e espírito, juntas e medulas, e é apta para julgar os pensamentos e propósitos do coração" (Hebreus 4.12).

Devemos entender que **a Palavra é a NOSSA juíza**, e não o contrário. Não estamos apenas lendo as Escrituras; elas estão **nos lendo**. Estão revelando os pensamentos e atitudes de **nossos corações** e os expondo a nós.

Comecei a questionar se o grande empoderamento e elevação da opinião pessoal, proporcionados por meio das redes sociais, realmente não nos iludiram, fazendo-nos pensar que nossas opiniões têm algum peso contra a Bíblia Sagrada. Pergunto-me se não fomos tão treinados por uma sociedade democrática e de consumo, que nos esquecemos de que o Reino de Deus não é uma democracia, mas uma **teocracia**. Um governo no qual **Sua Palavra, e somente Sua Palavra, permanece**. Devemos voltar para a realidade e **saber que**, quando se trata das Escrituras, o alvoroço e o clamor *online* de objeções fervorosas e teimosas, bem como os votos divergentes, **têm peso absolutamente igual a zero**. São irrelevantes. Não estou dizendo que nossos pensamentos não importam para o Senhor. Estou simplesmente nos lembrando: discordar de **Sua voz** é a mais completa loucura.

De alguma forma, continuamos encontrando novas maneiras de isolar nosso coração da realidade bíblica — de descartá-la, customizá-la ou alterá-la. Nós prontamente destacamos, ingerimos e declaramos as **promessas** das Escrituras, mas deliberadamente ignoramos **suas advertências, julgamentos e confrontos**. A História não nos ensinou nada? Quando enfatizamos excessivamente um aspecto da Palavra de Deus, mas negligenciamos suas contrapartidas, que são **igualmente importantes**, quase **sempre** obtemos algo herético. Meias-verdades sempre foram o método do Diabo. Devemos abrir nossos olhos e ver como ele encobriu todos os planos imorais da Terra com elas! Ele está sempre tentando separar o "amor" do Senhor de Sua verdade, e a "bondade" d'Ele de Sua santidade.

Nossa negligência à Palavra de Deus nos trouxe a esse ponto, mas um regresso a ela tem o poder de nos corrigir. **Deve haver um retorno íntegro às Escrituras, na Igreja e na comunidade de adoração**. E, com "retorno", quero dizer uma nova **submissão à sua autoridade**.

Em sua carta a Timóteo, Paulo fala da Igreja como uma "[...] coluna e fundamento da verdade" (1 Timóteo 3.15). Esses elementos compõem um sistema de suporte integral, que sustenta muitas catedrais e edifícios antigos até hoje. Precisamos de uma nova revelação de que declarar a Palavra não é uma missão **secundária** para a Igreja, **é a primária**. O amor verdadeiro nunca está divorciado dela, mas deve falar a verdade de todo modo.

Se a Igreja se recusar a ser um sistema de apoio implacável, que sustenta a verdade contra o ataque de mentiras e engano, ela desmoronará. Um mundo que a nega não é um mundo onde queremos viver. **Mas ele está à nossa porta.** Devemos retornar à Palavra de Deus! Temos de mantê-la firme e, sem vergonha, **declará-la com ousadia.**

"EM VERDADE"

Posso dizer, sem hesitação, que a coisa mais poderosa e transformadora que já fiz foi ler a Bíblia. Ler as Escrituras literalmente transformou minha vida, mais do que qualquer outro encontro ou experiência que já tive. Até hoje, quanto mais leio a Palavra de Deus, mais me apaixono por Ele. **Ela é viva e incendiará seu mundo, se você permitir.**

Se crescermos e aprofundarmos nosso conhecimento da verdade, adorando ao Senhor com toda a nossa mente e com todo o nosso coração, notaremos poder e autoridade muito maiores começando a acompanhar nossa adoração — um transbordamento imediato de louvor, em nosso entendimento e interior, que fluirá de nós com uma facilidade inesperada. Não teremos mais de "cavar fundo" durante um momento espontâneo nem cantar repetidamente as mesmas duas ou três frases clichês. Se aprofundarmos nosso poço, ele começará a transbordar.

Encerrarei este capítulo com três disciplinas simples para você começar a praticar:

Primeiro, **estude a verdade.**

Dedique-se às Escrituras. Preencha sua mente com o conhecimento de quem Ele é. Observe cada descrição de Seu coração, de Seus caminhos, caráter, atributos e glória que a Palavra revela. Descubra do que Deus gosta, o que move Seu interior e o que encanta Sua alma. Aprenda de que forma Ele ama ser amado. Conheça-O!

Então, **cante a verdade.**

Pegue toda a compreensão de Deus que você tem descoberto nas Escrituras, toda a revelação que Ele tem depositado em você, a respeito de Seu coração e de Seus caminhos, e, então, comece a cantar isso de volta para Ele. Ocupe seus momentos secretos de adoração com a Sua verdade. Torne o hábito de cantar a Palavra numa disciplina em sua vida. Preencha os *sets* de louvor que você ministra com canções sobre isso. Componha músicas que contenham o conhecimento e a revelação de quem Ele é.

E, finalmente, **viva a verdade.**

Adorar a Deus como Ele deseja não significa apenas estudar, e sim fazer as coisas reveladas a você em Sua Palavra e ditas ao seu coração. O peso total da verdade só é descoberto à medida que você a vive. Você não é chamado para ser um corretor das descobertas ou informações de outra pessoa, mas alguém que provou, viu pessoalmente e sabe que é real.

CAPÍTULO 08

UM ODRE NOVO

Acredito que as coisas grandes que ansiamos por ver na adoração — as obras criativas, que terão uma medida muito maior de unção, presença e poder do Espírito — estão esperando por odres novos. Os que criamos antes podem ter servido para uma temporada e um propósito, mas não nos levarão ao futuro. **Eles continuarão apenas a estragar o vinho**. Diante disso, é necessário que tenhamos outros, para valorizar a presença de Deus acima dos lucros; Sua glória, mais do que a nossa, e a obediência a Ele acima de tudo.

No tocante a canções e projetos de louvor, se quisermos que o resultado **seja adoração**, todos os seus processos devem ser gerados, saturados e sustentados **por ela**. Por que esperaríamos que o produto carregasse qualquer medida da unção do Espírito, se todo o percurso criativo fosse qualquer outra coisa menos espiritual? Harvey S. Firestone entendeu sabiamente que "o sucesso é a soma dos detalhes".[1] Em outras palavras, os pormenores importam porque eles **criam a soma**. Há um ditado popular que diz: "O Diabo está nos detalhes". Mas ele só faz isso porque nos esquecemos de entronizar **Deus nas pequenas coisas**.

Por termos esquecido que cada parte dos processos é tão importante para Deus quanto o fim, acabamos dando a Satanás uma posição de sabotagem. Precisamos perceber que, quando se trata de lançar músicas e discos que transmitem o verdadeiro espírito de adoração, **todos os pontos são relevantes**. Cada relacionamento, contrato de gravação, cada seleção de compositores... Tudo isso **importa**. Cada coração, atitude e motivação **importa**. A produção musical **importa**. A pureza dos músicos **importa**. Os corações dos engenheiros de som **importam**. A honra de uns para com os outros **importa**. Os modelos de negócios **importam**. A generosidade **importa**. Acima de tudo, **o amor importa**.

---

[1] N. E.: Frase popularmente atribuída a Harvey S. Firestone, empresário estadunidense que ficou conhecido por fundar a companhia de pneus e borrachas Firestone. Mais informações: *https://www.firestonecomercial.com.br/pt-br/historiafirestone*. Acesso em agosto de 2021.

Ao longo das últimas décadas, envolvi-me e interagi com os modelos atuais da indústria musical. Eu os observei homogeneizar e esterilizar, lentamente, muitos líderes e movimentos de adoração ungidos. Agora, precisamos de uma mudança completa em nossa forma de pensar. Estabelecemos padrões que exigem **conformidade** em vez de **criatividade**. Eles servem a estruturas e fórmulas, e não a pessoas. Deve haver um novo odre para desenvolver, produzir e distribuir músicas de adoração.

Os odres aos quais me refiro, neste contexto, são os modelos atuais da indústria musical e as estruturas de negócios. **O vinho são as pessoas e o som que elas carregam.** Precisamos hoje de **vinicultores** (produtores de vinho) verdadeiros e talentosos. A real paixão deles nunca é o vaso (a estrutura) — na verdade, o que **queima em seus corações é sempre a bebida** (as pessoas). Eles não estão no ramo de servir a um recipiente, mas no de proporcionar **o melhor sabor e caráter ao vinho**. E não só celebram qualidades e distinções únicas de cada pessoa como também trabalham diligentemente para aprimorá-las e amadurecê-las.

O MITO DE UMA INDÚSTRIA MUSICAL "CRISTÃ"

Antes de tratar a respeito da necessidade de novos odres, permita-me abordar brevemente um assunto antigo: a indústria musical "cristã". Esse modelo ainda pode ser útil para artistas e bandas desse ramo. Mas, a menos que passe por um processo profundo de arrependimento e reforma, não acredito que seja adequado para carregar e lançar o novo som de adoração que Deus está prestes a liberar. Por favor, saiba que essas são apenas minhas observações e convicções pessoais. Os quatro pontos que compartilharei sobre o tema são traços gerais que pude notar, não tenho dúvidas de que há exceções. E eu me regozijo por isso!

Mas eis aqui as razões pelas quais eu sinto que a atual indústria musical "cristã" é um odre que não comporta o movimento de adoração:

FALTA DE ÉTICA E PRÁTICA DO REINO

Por alguma razão, essa indústria nunca julgou necessário quebrar o ciclo. Ao invés disso, preferiu seguir o modelo de organizações musicais seculares e todos os seus fracassos. Não criamos nossa própria forma de negócios; nós simplesmente copiamos e colamos a do mundo. Há um comando claro nas Escrituras que ignoramos. Romanos 12.2 afirma: "E não vivam conforme os padrões deste mundo [...]". A Palavra deixa claro que Deus Se preocupa com os detalhes administrativos, o espírito de nossos contratos e nossa maneira de trabalhar como cristãos. Quanto mais no que diz respeito à expressão musical que **carrega a única mensagem de esperança para a humanidade e é exclusivamente destinada à Sua glória.**

Se nunca nos passou pela cabeça que Deus poderia ter uma maneira distinta para agirmos, diferentes princípios e diretrizes para guiar nossos processos criativos, executivos e distributivos, **isso deveria ter acontecido**. Como cristãos, tivemos dois mil anos de ensinamentos sobre a natureza contracultural de Seu reino. No entanto, ainda estamos ignorando isso e optando por nos amoldar ao mundo. Essa falta de santidade **continuará a contaminar o vinho novo**.

LIDERANÇA SECULAR

Grande parte da Igreja não sabe disso, mas as maiores gravadoras cristãs são, hoje, subsidiadas por outras seculares. Isso significa que, além de se configurarem como propriedade destas, também são controladas por elas. Essas empresas convencionais, por sua vez, pertencem a conglomerados de mídia muito maiores. E tais "parcerias", sutilmente (ou de maneira explícita), orientaram as leis, as práticas e o "espírito" que agora governa inúmeros rótulos cristãos.

Se você está curioso para saber como a indústria musical convencional acabou se envolvendo com a "adoração", saiba que existem duas razões simples para isso. Primeiro, porque a música cristã começou a ser lucrativa. Em segundo lugar, pelo fato de que os artistas desse meio **escolheram** fazer parceria com ela. Embora seja muito bom para os negócios e para o crescimento, não tenho certeza de como poderíamos esperar algo distinto ou sagrado vindo desse tipo de aliança. Sou um purista (surpresa!). E não peço desculpas por isso. Em meu livro, tratarei a questão de forma bastante direta. Figueiras não dão uvas e árvores ruins, não dão frutos bons (cf. Mateus 7.18). Este casamento de jugo desigual impedirá **a missão do vinho novo**.

FALTA DE TESTEMUNHO

Acredito que as Escrituras deixem bem claro que a maior atribuição e alegria de qualquer pessoa (e empresa) cristã, nesta Terra, **é dar testemunho de Jesus e glorificá-lO em tudo o que faz e cria**. Porém, sinto fortemente que a indústria musical evangélica está perdendo isso como seu propósito principal e carece, com urgência, de ser um **verdadeiro exemplo**. Se eu fosse apenas retratar aqui o que vejo, diria que boa parte do atual mercado musical que se autodenomina "cristão" **não é**. Para que algo seja chamado corretamente dessa maneira, **precisa seguir** o modelo de Cristo. Deveríamos, então, simplesmente chamá-lo de "indústria musical" e poupar Seu nome, ou, por outro lado, moldá-lo e padronizá-lo de acordo com Seus caminhos e Seu coração. Essa confusão de identidade e propósito servirá apenas para alterar (reduzir) **as propriedades do vinho novo**.

FALTA DE COMPROMETIMENTO DENTRO DA IGREJA

É importante estarmos cientes de que grande parte da indústria musical "cristã" é totalmente desonesta. Com isso, quero dizer que não existe nenhuma conexão direta ou subordinação a qualquer tipo de liderança eclesiástica. Exceto por alguns nomes bem conhecidos da adoração, **que estão** ligados a certos movimentos, esse mercado não tem nenhuma responsabilidade por sua conduta ou seus negócios dentro da Igreja. Direi apenas o óbvio: quando algo tem o poder de representar o cristianismo para a cultura, de qualquer forma significativa, mas permanece fora dessa liderança, ética ou autoridade, **isso é um problema**. Ser cristão é viver **comprometido** com o Corpo de Cristo e submisso às Escrituras. Quando isso não existe, cria-se uma vulnerabilidade a males e corrupção que **inevitavelmente arruinarão o vinho novo**.

Sei que muitas pessoas contestarão esses pontos e dirão: "Mas olhe para os testemunhos que ocorreram nesse meio! Veja os frutos e as vidas que foram mudadas!". Não os desconsidero, de forma alguma. Eles são exemplos reais, e sou grato por cada um. Deus realmente Se move de maneiras misteriosas! Sempre ficarei surpreso (e perplexo) pela forma como Ele continua a agir, mesmo com os modelos, pessoas e obras inovadoras mais errôneas.

Não sei quantas vezes isso **me ofendeu profundamente**. É provável que, como tive de me lembrar em diversas ocasiões, **eu seja uma dessas pessoas,**

falhas e criativas, através das quais Deus continua Se movendo. É realmente uma dádiva incrível. Mas acho que, em muitos momentos, confundimos a graça divina com a Sua aprovação. O fato de que Ele continua trabalhando por meio de um sistema ou de um indivíduo imperfeito é **um testemunho de Sua graça**, não uma indicação de Seu consentimento.

Dito isso, realmente não vejo a indústria musical "cristã" atual passando por nenhuma mudança significativa. Eu poderia fantasiar sobre essa reforma radical, mas a História me diz que é bastante improvável. O modelo secular ainda atua em algum nível, e enquanto esse for o caso, sempre haverá alguém tentando mantê-lo em funcionamento. Continuamente, haverá pessoas sinceras fazendo coisas genuínas nesse meio e produzindo frutos verdadeiros.

Em tudo isso, há uma esperança implacável que continua a me possuir:

Se uma medida de Seu poder e propósito pode manar por meio de tais estruturas e seres humanos quebrados, imagine o quanto disso fluiria através de um povo inteiramente consagrado.

Isso é o que meu coração **anseia** ver.

NOVOS VINHEDOS

Nossa missão na vida não é descobrir como nos manter dentro das construções falidas de iniciativas que já existem, e sim construir novas, sobre bases bíblicas e firmes. Devemos mostrar aos líderes por que isso é tão **desesperadamente necessário**. Muito vinho novo já foi desperdiçado em velhos recipientes. Se quisermos parar com isso e poupá-lo, **temos de criar novos odres**.

Sinceramente, não estou muito preocupado em destruir algo; o que realmente tento fazer é inspirar a construção de algo novo. Meu coração queima por motivar e comissionar os verdadeiros e justos "produtores de vinho" a se levantarem e plantarem, corajosamente, novas vides.

Acredito que os **novos odres** virão de **novos vinhedos**. Muitos deles serão menores que os anteriores, mais voltados ao cultivo local, algo familiar. Estarão, com maior intensidade, ligados ao solo, às vinhas e às uvas, com uma abordagem muito mais holística e pastoral. Eles compreenderão que, para fazer um bom vinho, o trabalho não se inicia na colheita, mas no cuidado do solo e das raízes. Na maioria das indústrias, ser maior significa ser melhor e mais caro. Mas, no mundo da vinicultura, ter muito tamanho quase sempre se refere a oferecer um sabor mais genérico e custar menos.

Esses novos vinhedos podem ser, aparentemente, menores e humildes. Mas isso não quer dizer que produzirão uma bebida barata. Longe disso. Seu vinho **não terá preço**.

Esforçar-me para plantar uma nova "vinha" é a jornada para a qual o Senhor me trouxe neste momento. Como alguns de vocês sabem muito bem, pegar um sonho, que viveu dentro do seu coração por anos, e trabalhar para desenvolvê-lo é um dos processos mais humilhantes e vulneráveis pelos quais podemos passar. Tive de aprender muito sobre fé e contentamento, além de permitir que a retidão fosse minha própria recompensa. A maior parte desse serviço inicial tem sido cuidar do solo, e eu me encontro desejoso de ter mais para mostrar por conta de todo meu esforço.

Mas já posso perceber que algumas raízes têm se aprofundado e que vinhas estão surgindo. Eu sei que um vinho novo está chegando.

Estabelecer um "vinhedo" (isto é, desenvolver uma empresa criativa) é semelhante a embarcar em uma aventura agrícola radical. É fato que isso quase sempre é sinônimo de desafio e dificuldade, mas a recompensa de uma busca justa sempre vale a pena. A melhor parte de fazer algo em retidão (à maneira de Deus) é podermos render totalmente os resultados a Ele e nos colocar em Suas mãos, que são muito capazes. A pressão não recai no que conseguimos produzir. Aquilo que está totalmente dedicado a Ele já não se encontra sobre os nossos ombros.

VINHO NOVO

Dizem que a necessidade é a mãe da invenção. Eu acredito que isso se dê porque a carência nos deixa **com fome**. Desesperados até. Temos uma ideia poética e romantizada de fome e sede, mas estas não são experiências agradáveis. Na verdade, são o resultado de **falta e privação**. Esses novos vinhedos não nascerão até que os vejamos como uma urgência. Até que nossos corações estejam **despedaçados pela ausência de vinho novo!** Até que definhemos por falta de uma fragrância pura de Jesus se levantando na Terra! Até que nossa fome e sede de novas expressões de amor, autêntico e nupcial, **levem-nos a agir**.

Você também deseja experimentar mais do que provou e viu na adoração até agora? Seu coração já não aceita o ordinário, pois testemunhou um momento de glória e presença de Deus? Você tem uma fome santa por Sua ação sobrenatural: sinais, maravilhas, milagres e salvação?

Você está disposto a ter mais de Deus agora? **Porque existe mais**!

Eu me pego sonhando com uma atmosfera de adoração **tão cheia de Sua glória que transforme qualquer pessoa que entrar nela**. Vejo um povo chegando com o coração calejado e esmorecido em direção a Deus e saindo totalmente avivado por Ele. Um povo que chega oprimido e perturbado e sai completamente liberto. Um povo adormecido ao chamado de Deus em sua vida sendo desperto para seu destino no Senhor. Um povo que vem com o peso da depressão e do desespero e vai com grande alegria e satisfação! Um povo que se encontra preso a vícios e doenças sendo desalgemado e livre. Um povo que chega afligido por dores e sofrimentos corporais, mas sai curado e restaurado.

Meu coração clama por um som de adoração na Terra tão cheio de fé que leve os perdidos a serem encontrados clamando espontaneamente e confessando: **"Jesus é o Senhor!"**. Quero ver um Reino de glória e poder tão consistente e tangível, que faça com que ninguém no ambiente consiga negar a presença de Deus em nosso meio! Se um pedaço de pano esteve em contato com uma pessoa ungida e levou a cura para o doente que o tocou (cf. Atos 19.11-12), quanto mais a música de adoração não traria libertação, restauração e salvação onde quer que seja reproduzida?

Eu queimo por isso! Anseio por esse mover, porque já experimentei. Fui mudado por conta dele! Só estou aqui hoje porque cheguei a um lugar onde havia manifestação da Sua presença e esplendor. Entrei e saí; estava quase morto espiritualmente, **mas despertei em Sua glória**. Provei esse poder em primeira mão e estou imensamente torturado pela profunda consciência de que há **muito mais**. Estamos agindo como se já tivéssemos chegado a ser um movimento de adoração! Mas, na verdade, estamos apenas retrocedendo em um desempenho impotente.

Muitas coisas permanecem bloqueadas para nós porque ainda **temos de construir algo** digno de Seu pleno favor, habitação e bênção — vasos exclusivamente consagrados e separados para a Sua glória.

PENSAMENTOS FINAIS

O objetivo da música de adoração jamais foi torná--la tão sonoramente competitiva quanto possível, mas poderosamente preenchida pela presença **inebriante, hipnotizante e reveladora de Jesus, de maneira absoluta.** Nunca lideraremos o mundo enquanto o imitarmos. Em nenhum momento nosso trabalho foi disputar com sua arte, e sim oferecer-lhe **um gostinho do Céu.**

Agora mesmo, tanto o mundo quanto a Igreja sofrem por falta de vinho novo. Eles anseiam saborear um pouco da atmosfera e da glória do Reino.

Mas esse vinho precisa de um odre novo. Necessitamos de pessoas que sejam corajosas para romper com os velhos modelos e padrões e se comprometam a construir novas redes, comunidades criativas e conexões santas. Vinicultores que carreguem zelo pastoral e sabedoria para proteger a unção de líderes, comunidades, canções e projetos de adoração; e não apenas consigam discernir **a unção e desígnio específicos** de Deus em uma igreja ou ministro de louvor, mas também **não** estejam **dispostos** a lançar o que eles produzem até que isso reflita a medida completa do potencial de **ambos.** Homens que não só sejam capazes de discernir o destino visível de uma pessoa, mas também de escolher, profeticamente, aqueles **que ainda nem sabem que foram chamados.**

Que a graça e o poder de Deus nos capacitem a gerar, corajosamente, esses novos vinhedos e odres. E nos dê a sabedoria para capturar, preservar e liberar o vinho novo do Céu aqui na Terra.

CAPÍTULO 09

ITENS DE REFORMA

A era moderna de adoração não veio com um manual de instruções.

A maioria das coisas com as quais temos de lidar hoje ainda estava em seu estágio inicial enquanto eu crescia. Muitas outras, como *royalties* de canções de adoração, *internet*, mídias sociais e *smartphones*, nem existiam. Não havia recursos ou instrução baseada em experiência para cristãos, tampouco igrejas ou líderes espirituais que tentassem navegar em suas plataformas de comunicação em massa com sabedoria. Ainda há muito pouco. Tudo o que fazíamos naquela época era necessariamente experimental, porque era novo. Ninguém jamais havia navegado nessas águas antes. Então, deixamos as redes correrem soltas, e elas rapidamente começaram a nos dominar.

Naquele tempo, não sabíamos o impacto negativo que isso teria, mas agora sabemos. Ou, pelo menos, deveríamos. **A era da inocência acabou.** Se não houver uma correção de curso, as mesmas coisas que deram à adoração sua abrangência global irão minar sua missão e perverter seu propósito. As margens precisam ser redesenhadas e os limites redefinidos.

Muitas das coisas que afetam e influenciam sua essência, nos dias de hoje, não são o que, normalmente, abordaríamos em uma conversa sobre esse assunto. Então, vou sair um pouco do meu campo, porque sinto que essas questões têm de ser tratadas. Precisamos ser muito específicos e práticos quanto aos desafios externos que enfrentamos como líderes de louvor e levitas, devido à mídia, à produção e à indústria.

Por favor, entenda que não estou tentando nos arrastar de volta à Idade das Trevas, e sim despertar nossa reflexão sobre o motivo de fazermos o que fazemos, **à luz de nossa missão.** Ao abordar, especificamente, essas coisas, meu objetivo não é "estabelecer a lei", mas provocar a discussão e o diálogo necessários.

O ponto é: queremos criar culturas de adoração ou não?

Se sim, não precisamos sequer olhar para muito além do nosso próprio povo. Observemos o seguinte: eles parecem estar se conectando com o Céu, com uma pessoa ou com um palco? Se a resposta a isso não for o Céu, então temos de trabalhar para que uma mudança aconteça.

OS NEGÓCIOS DO NOSSO PAI

Se o nosso Pai está procurando por um tipo específico de adorador, então tudo o que realizamos como comunidades que buscam glorificá-lO deve ser focado e alinhado conforme **Seu padrão**. A principal pergunta que os líderes, departamentos e movimentos de louvor devem se fazer, antes de tomar qualquer tipo de decisão, é: "Esse(a) _____ ajudará a ativar, gerar crescimento e equipar o tipo de pessoa que meu Pai deseja encontrar?". Nosso uso de produção de palco, iluminação, *streaming online*, mídias sociais, fotografia, vídeo etc., assim como nossos *tours*, eventos, conferências, mercadorias, livros e discos, **tudo isso deve passar por este filtro**.

Devemos nos perguntar continuamente: temos, de fato, trabalhado para despertar, ativar e preparar verdadeiros adoradores, cheios do Espírito Santo, fazendo [insira alguma ideia legal]? Ou estamos simplesmente tentando desenvolver nossas marcas e nossos nomes, sob o disfarce de uma bandeira espiritual?

O próximo passo importante é sermos **honestos** com nós mesmos.

A seguir, compartilharei minha lista pessoal de itens de reforma. O motivo pelo qual eles estão nesta lista é:

- Sinto que carecem do foco e do alinhamento adequado, considerando a missão da Igreja como uma casa de oração;

- Sinto que eles estão completamente fora desses limites.

Está bem, eles não têm propósito.

PRODUÇÃO DE PALCO

Acredito que seja essencial para as comunidades de adoração ter uma ideia consolidada do motivo que as impulsiona a exercer tudo o que estão fazendo no que diz respeito à produção. O que tenho visto, na maioria das vezes, é simplesmente a tentativa de se manter como igreja de bairro ou ser uma das grandes congregações globais, cujas instalações e palcos excelentes aparecem em todas as publicações cristãs famosas e se tornam invejadas pelos demais.

Entendo por que isso nos motiva. Ninguém quer que sua comunidade seja considerada inferior. Mas enfatizo novamente: temos muitos problemas quando imitamos cegamente nossa própria subcultura cristã, sem pesar tudo, cuidadosamente, conforme o padrão das Escrituras e a missão designada a nós.

Quase todos os estilos de produção de palco adotados nos últimos anos são iguais aos que as casas de *show* tradicionais já tiveram por décadas. É evidente quem está liderando quem. A principal diferença é que esses são lugares de entretenimento. Nós não. O objetivo desses estabelecimentos, enquanto negócio, não é igual ao nosso. Somos casas de oração. E é aqui que as linhas ficam turvas. Grande parte dessa preparação do local para lazer e distração simplesmente ajuda e aumenta a capacidade de engajamento de uma multidão. Mas, em geral, isso não visa a envolver, e sim **entreter** o público. É nesse ponto que nossas missões diferem.

Na adoração, não estamos tentando deslumbrar as pessoas com o que acontece no palco, mas tão somente compor um ambiente onde há uma plena expressão de devoção. Acabamos criando diversos obstáculos e distrações desnecessárias para aqueles que buscam sinceramente conectar-se com Deus. Em geral, nossa produção de palco não contribui com a unidade (a menos que estejamos em busca de uma audiência unificada) e, com certeza, não colabora para que o louvor flua **verticalmente**. Na verdade, os elementos de nossa formação apenas levam a igreja a se maravilhar horizontalmente com a coisa errada.

Sim, estou ciente de que o Céu será um lugar deslumbrante, colorido, desconcertante e hipnotizante. Mas há uma diferença enorme entre ele e a Terra agora, e trata-se de **quem está no palco**. Enquanto forem homens e mulheres que exercem essa função, não é para eles que queremos atrair as atenções. No Céu, ninguém poderá encantar-se por outra pessoa que não seja Jesus, também seremos incapazes de ceder a um grama de idolatria sequer. Mas neste mundo, claramente, esse não é o caso.

Eu amo o lindo ressurgimento das artes e obras visuais no culto e a reconexão entre ambas. Estamos começando a vê-las novamente **como adoração**. Isso é bem importante, e não estou atacando essa questão. Porém, nossa criatividade deve ser guiada pelo Espírito, não por "ideias legais". Eu realmente encontrei uma forma de produção que é conduzida por Ele, e não só é incrivelmente poderosa como também não distrai nem diminui a adoração vertical — apenas ajuda a aumentá-la. Entretanto, a maior parte do cenário que vejo nas casas de oração é muito mais voltada à carne do que ao Espírito.

MÍDIAS DA IGREJA E DE EVENTOS

Não faz muito tempo, estive em um evento e tirei um pequeno momento de oração particular com minha equipe antes de liderar o louvor naquela noite. De repente, olhei para cima e vi alguém posicionando um *mini boom*, para inserir uma câmera, bem no meio de nosso grupo e, em seguida, circulando-o lentamente. Ele parecia alheio ao motivo que fazia aquilo ser inapropriado. Depois de tentar, educadamente (eu espero), dizer-lhe que não era a hora nem o lugar para fazer o registro, retirou-se de forma respeitosa. Era óbvio que ele não estava tentando desonrar ninguém, e acredito plenamente que suas intenções eram puras. Mas comecei a me perguntar como esse tipo de coisa se tornou aceitável.

Estive em outro evento, recentemente, e o preletor trouxe uma palavra intensa. Ele falou sobre como o espírito da morte estava atacando pessoas que se encontravam ali no salão e, em seguida, perguntou quem eram para que fossem receber oração. Fiquei chocado com a quantidade de gente que inundou os corredores e a área em frente ao palco para ser ministrada. Fui chamado para tocar ao fundo, suavemente, enquanto tudo continuava acontecendo. Aparentemente, um dos operadores de câmera considerou isso como uma grande chance de capturar algumas imagens minhas em enquadramento fechado. Enquanto o preletor expulsava demônios e libertava pessoas, eu tentava estar espiritualmente sintonizado com o que acontecia ali. Naquele momento, o fotógrafo surgiu bem diante de mim, lentamente, movimentando sua câmera para a frente e para trás, para a frente e para trás. Fiquei pasmo.

Caro operador de câmera que lê isto, eu não o culpo. De fato, sou profundamente grato pelo serviço que faz ao Corpo de Cristo. Digo isso por mim e por todos os espectadores que têm sido tremendamente abençoados por aquilo de que você tornou possível que eles participassem. A supervisão disso é uma responsabilidade totalmente nossa, como líderes. Nós é que deveríamos ter conduzido com sabedoria, diretrizes adequadas e sensibilidade espiritual essa área da Igreja também. Pode ser que já tenhamos entendido o poder e a importância do trabalho midiático. No entanto, por não havermos esclarecido "por que" e "como" executar isso, acabamos deixando-o sozinho nessa descoberta. O que é uma postura irresponsável de nossa parte. Sinto muito.

Líderes, não podemos continuar permitindo que a operação de mídias funcione sem direcionamentos claros e que honrem a Deus. Precisamos de sabedoria para entender quando captar imagens **e quando não fazer isso — uma sensibilidade espiritual maior.** Necessitamos de reverência e temor ao Senhor para comunicar essas coisas à nossa equipe de modo eficiente. Temos de revisitar as Escrituras para descobrir o que elas dizem sobre a importância da "discrição" espiritual antes de publicar alguma coisa. E examinar com atenção nossas motivações no que diz respeito às redes sociais. A sensação de captar o momento funciona como uma droga e faz muitas pessoas, igrejas e movimentos tropeçarem em sua busca. Jesus adverte expressamente a prática de nossa justiça diante dos outros a fim de sermos vistos, como os fariseus amavam fazer (cf. Mateus 6). Sei que muitas vezes fui culpado por isso.

EXCELÊNCIA

Acredito na excelência. Em dar a Deus o nosso melhor, de todo coração, em tudo o que fazemos. Mas é inevitável notar que as igrejas interpretam isso de forma errada e se apropriam indevidamente desse valor para justificar todos os tipos de procuras e compras equivocadas. Para o cristão, a excelência não é um princípio por si mesmo, mas deve viver continuamente submetida a outros muito mais elevados, como o amor, o testemunho, a missão, a direção do Espírito e a fidelidade.

Considere a iluminação do palco, por exemplo. Se o aprimoramento de nosso deslumbrante *show* de luz não nos ajuda a produzir verdadeiros adoradores, então quão "excelente" isso realmente é? Pode até ser tecnicamente impecável, mas, com certeza, não é **útil** para nós. Parece que falta o valor mais alto ao que deveria ser secundário.

Ou então, observe os momentos espontâneos de adoração guiados pelo Espírito como outro exemplo. Se escolhermos a excelência como nosso principal valor, **nunca seguiremos a Ele**. Ser espontâneo — e mais importante, obediente ao Seu impulso — é arriscar que a banda erre tudo. Afinal, ela pode não conseguir acompanhá-lo ou você esquecer a letra daquele refrão que acabou de começar a cantar. Se esse fosse o princípio mais elevado, nunca correríamos esses riscos. **Mas não é**. Fé e obediência **sempre** a superam. Mais precisamente, é isso que redefine o que excelência significa em nossos *sets* de louvor. Com isso, a adoração se torna menos sobre uma banda arrasando com um arranjo ensaiado e com curadoria, e mais sobre uma equipe que toca com todo o coração e habilidade, para dar asas à unção do Espírito.

MÍDIAS SOCIAIS

Cheguei atrasado ao mundo do Instagram. Quando finalmente abri uma conta, inaugurei-a com várias fotos minhas raspando minha barba em estágios progressivos por conta do "Novembro sem se barbear" (ou Novembro Azul)[1]; criava diferentes estilos de barba caipira para fazer graça. A coisa toda foi uma piada para mim, até que... decidi me tornar um fotógrafo profissional da natureza. Então o negócio ficou extremamente sério. Estou brincando. Mas nem tanto. Eu ainda acredito que tirei algumas fotos bem bonitas.

Acontece que eu não sabia o tanto que essa plataforma provaria minha alma e testaria minha pureza. Sou grato pelas verdadeiras vozes proféticas em minha vida (incluindo a da minha esposa), que trouxeram esse alerta duradouro à minha atenção e me encaminharam a uma jornada de um ano em progressiva desconexão. Assim como o jejum revela o poder da comida sobre as nossas vidas, distanciar-se das mídias sociais expõe nosso vício nelas — e a forma como isso nos afeta, de diferentes maneiras, sem que consigamos perceber. As redes têm uma maneira sutil de corromper-nos

---

[1] N. T.: *"No-Shave November"* ou "Novembro sem se barbear" (também conhecido em português como Novembro Azul) é uma jornada de um mês em que os participantes não se barbeiam, a fim de evocar a conversa sobre o câncer de próstata e aumentar a conscientização acerca do assunto. Estas e outras informações sobre a campanha estão disponíveis em *https://no-shave.org/*. Acesso em agosto de 2021.

e direcionar nossas decisões. Quanto mais nossas contas crescem, mais força elas têm para adoecer nossa alma e nos transformar em uma marionete ou um papagaio.

Atualmente, essas mídias estão interligando nossos cérebros da pior maneira possível. Estão manipulando e comprometendo líderes, igrejas, movimentos e, bem, a maior parte da humanidade, para ser honesto. Mas estou particularmente incomodado com a corrupção da adoração. Em vez de vermos momentos santos e sagrados no louvor e responder de forma adequada, fomos treinados a considerar os "números" e "curtidas". Nosso encontro pessoal e íntimo com Deus tornou-se, agora, a nova mercadoria em alta da *internet*. Quando o Senhor começa a Se mover em uma reunião, em vez de nos prendermos totalmente a isso, começamos a nos esforçar para conseguir "aquela foto" ou aqueles *stories* incríveis que deixarão todos com inveja e desejosos de estar ali.

Como líderes de adoração e levitas, somos muito mais afetados pela exposição do que podemos perceber. Somos tentados e provados em nossas almas. Testados em nossa pureza. E estou aqui para encorajá-lo a se separar disso. Proteja seu coração, sua integridade e sua autoridade espiritual. Crie uma distância e coloque barreiras de proteção. Bloqueie essa influência sobre sua vida. Ao fazer isso, sentirá que algo dentro de você está começando a se recompor.

Tive de colocar esses limites em todas as minhas redes sociais para me ajudar a concentrar meu **anseio** por sentido naquilo que **realmente** torna minha existência significativa. Sinceramente, esforço-me para ser cuidadoso nessa área. Quase todos os dias, excluo os aplicativos sociais dos meus dispositivos. Para cada postagem, faço uma série de testes em minhas motivações, sempre me perguntando: "Por que estou postando isso? Para que serve? O que estou tentando realizar? É o que eu deveria postar? Estou alimentando meu ego de alguma forma? Isso está de acordo com o chamado da minha vida ou estou apenas dando às pessoas o que elas, aparentemente, querem?".

INFLUÊNCIA

Como crentes, somos responsáveis por todas as coisas que nos foram dadas. Portanto, tudo **requer boa mordomia**. Até mesmo nossa influência. Só que a única maneira de administrar com eficácia o que temos é entendendo o **propósito de Deus para isso**. Você sabe por que recebeu influência? Já se perguntou o que o Senhor quer que seja feito com ela ou como Ele quer que você a utilize? Sua visibilidade já está consagrada e comprometida com a glória d'Ele, e não com a sua? A Bíblia não se silencia quanto ao propósito da notoriedade de um crente, mas nossa ignorância acerca disso é evidente. Muito do que os cristãos fazem em prol de maior reconhecimento apenas imita o mundo e anula **nossa influência**.

Então, de todo jeito, poste seu cachorro, seu gato, sua casa, uma xícara de café incrível, e todas as coisas boas e maravilhosas da vida. Mas também se pergunte: **"Estou resplandecendo a luz única e específica que Deus me deu para brilhar nesta Terra, aquela que ninguém mais pode reluzir?"**. Certifique-se de que nem ela nem o sal estão ausentes em nada do que você faz (cf. Mateus 5.13-16).

O "ARTISTA ADORADOR"

Uma tendência preocupante vem crescendo há algum tempo na indústria de adoração. Temos misturado, cada vez mais, coisas que não deveriam estar juntas, mas sim permanecer sempre separadas e distintas. Os líderes de louvor não são artistas performáticos, e as noites de adoração não são *shows*. A despeito disso, continuamos a unir, intencionalmente ou não, o que é sagrado com o que é comum. Isso não deveria acontecer. A adoração é sagrada; separada para Deus. O foco é o Seu prazer somente. Não pode coincidir com uma noite de entretenimento voltada às pessoas. Essa é uma coalizão profana, assim como aliançar um levita com nossa definição de cantores de espetáculos.

Se pretendemos conduzir o Corpo e a Noiva de Cristo à adoração, não somos artistas, e sim **sacerdotes**. Como líderes de louvor, somos confiados a duas das coisas mais importantes para o coração de Deus:

Sua glória e Sua noiva. Esquecer Seu zelo ardente por qualquer uma delas e se tornar complacente, irreverente e irresponsável é arriscar um grande julgamento. Nossa designação sacerdotal é muito mais gloriosa, séria e poderosa do que a de qualquer artista performático, e não conseguiremos bancar o prejuízo de confundir as duas coisas.

EVENTOS DE ADORAÇÃO E A VENDA DE INGRESSOS

Faz quinze anos que sou líder de adoração itinerante. Portanto, a logística desses eventos não me é estranha, e realizei muitas noites de louvor em que cobramos ingressos. Entendo todas as razões pelas quais escolhemos fazer isso, mas nunca consegui aquietar meu espírito quanto a esse fato. Algo sobre cobrar de alguém para vir a uma noite de culto me parece uma violação sagrada.

Conheço os riscos de fazer isso de outras formas, mas terei prazer em arriscar. Não estou dizendo que não haverá exceções. Mas, na maioria das vezes, prefiro me machucar financeiramente ou simplesmente não viajar a continuar a desrespeitar isso.

Não acho que essa seja, necessariamente, uma convicção que todos devam ter. No entanto, acredito que aqueles que fazem eventos devem batalhar contra isso. Tenho plena consciência de que muitas pessoas conseguem comprar ingressos para essas noites com total pureza e adorar a Deus sem impedimentos. Mas vi, em primeira mão, que as vendas de ingressos, inevitavelmente, criam uma mentalidade de consumidor e uma expectativa de desempenho, o que guerreia contra uma noite de devoção pura, sem distrações e focada no Céu. A alusão a uma mentalidade de comércio afeta diretamente a essência do louvor.

Quanto mais alto o custo dos ingressos, mais esquisito fica. Na verdade, esse termo não faz jus à nova prática de oferecer assentos preferenciais e acesso aos bastidores por um preço extra. Como isso não se encaixaria exatamente no que Jesus repreendeu, de forma tão violenta, quando disse: "[...] Não façam da casa de meu Pai uma casa de negócio!" (João 2.16)? Acho bem difícil fazer essa distinção.

Serei bem claro: eu vejo o enorme valor que existe em convidar um líder ou um ministério para vir e fazer um depósito espiritual em nossa igreja ou região. Vi o fruto disso algumas vezes. Contudo, ainda odeio usar a venda de ingressos como o principal meio para financiar essa ação. Sinto fortemente que existe uma maneira melhor e mais conveniente com os princípios do Reino. Uma forma que nos ajude a preservar a pureza e a santidade da assembleia de adoração. Se você acredita que está acontecendo algo em sua cidade no âmbito do louvor, saiba que existem outras maneiras criativas de subsidiar isso, para além da venda de ingressos.

COMPOSIÇÃO DE CANÇÕES DE ADORAÇÃO

As canções de adoração podem gerar uma quantidade de *royalties* imensa. A maioria das igrejas paga uma pequena taxa de licenciamento pelos louvores ministrados durante os cultos de domingo. Esses valores são distribuídos aos escritores das canções como *royalties*. Quanto mais igrejas cantam determinada música, mais essas quantias fluem. Eu adoraria dizer que todas as editoras, gravadoras, líderes de louvor e compositores estão alheios a isso e permanecem completamente puros em suas motivações. Mas o fato é que eu não posso.

A única coisa que consigo afirmar com confiança é que uma "sala de laboratório" com escritores profissionais tentando "decifrar o código" e escrever as canções de adoração que as grandes massas cantarão **não é algo que agrada ao Senhor**. O mesmo acontece com qualquer pessoa, em qualquer situação ou contexto, que está compondo um louvor com algum indício dessa motivação em seu coração.

As muitas canções que são criadas dessa forma não estão enchendo a igreja com a beleza e a fragrância da adoração verdadeira, mas com o clamor, carecido de amor, de refrões que buscam lucro.

CONCLUSÃO

Repito: quero criar diálogo, não dogma. Sei que muitos dos itens abordados neste capítulo não são "preto no branco" e há bastante espaço para opiniões divergentes. Independentemente disso, boa parte do que está se desenrolando com grande velocidade na área da adoração hoje **deve ser questionada**, porque não se encontra apenas desalinhada com a nossa missão, mas a está **sabotando**.

Devemos olhar para todas as áreas da adoração em que temos deixado coisas passarem despercebidas e, destemidamente, averiguar qualquer aspecto que possa perverter nosso propósito ou nos impedir de cumprir, fiel e biblicamente, nossa missão como comunidades de adoradores. Não somos vítimas **nem** espectadores inocentes de nossos departamentos de mídias ou de produção, gerentes de eventos ou líderes do setor. Vamos deixar a passividade e a complacência de lado e conduzir este momento com convicção.

CAPÍTULO 10

O FUTURO

Enquanto escrevia este livro, fui desafiado por um amigo a orar por uma projeção profética sobre o futuro da adoração. Ao fazer isso, creio que o Senhor trouxe vários pensamentos à minha mente. Chamá-los de "proféticos" parece um pouco forte, então vou simplesmente compartilhá-los como uma percepção pessoal daquilo que sinto que Deus está nos direcionando. Acredito que será realizada uma aliança purificadora, que resultará na adoração sendo fortalecida e impulsionada para uma nova temporada de unção ardente e criatividade fresca.

É isso o que desejo ver: que o movimento de adoração se case com o de oração e com o de missões. Creio firmemente que se ele voltar a ser ancorado em ministrar ao Senhor e ao mundo, explodirá com vida, inovação e poder.

UMA NOVA ALIANÇA

O movimento de adoração nunca prosperou isoladamente. Quanto mais afastado fica, mais carecido de visão e desfocado se torna. Deixado por conta própria, serve apenas a si mesmo. Escreve canções para si e se premia. Para voltar a ter saúde e vitalidade, precisará romper com alianças antigas e destrutivas, formando outras novas e saudáveis. A união que o está matando, no momento, é com a indústria. Simplificando, encontramo-nos em nosso pior momento quando permitimos que essa parceria tenha qualquer tipo de influência dominadora sobre nós. Necessitamos desfazer esse pacto corrupto, cortar sua influência e voltar a nos entregar ao trabalho missionário e de oração.

Ministrar ao Senhor e aos necessitados purificará o movimento de adoração de uma forma impressionante, se permitirmos isso. Se nos entregássemos plena e voluntariamente à intercessão e à proclamação do Evangelho, **oh, que fogo começaria a ser lançado em nossos corações!** Se apenas saíssemos de debaixo da fortaleza do pensamento pequeno, sem missão, sem oração, sem Deus, voltado ao lucro, e começássemos a trabalhar e queimar por ver o Reino dos Céus sendo liberado na Terra, **oh, que canções de poder, profundidade e devoção surgiriam de nossas almas!**

Tenho a firme convicção de que louvores que trazem encontros impactantes com Jesus só podem nascer em um ambiente específico. Estamos tentando gerá-los em nossos "laboratórios" de composição musical isolados, separados, dedicados apenas à música e à teoria. Mas essas canções não surgem daí. Elas aparecem quando tocamos a glória do Céu em nossas salas e quartos de oração e nos engajamos, em tempo real, com o quebrantamento do mundo por meio das missões.

UM NOVO E ANTIGO CAMINHO

Vejo emergir uma nova expressão de um tipo de líder de adoração antigo, cuja vida de devoção está novamente enraizada nos ritmos da oração e na missão de Jesus. Qualquer pessoa que se ancorar em ministrar ao Senhor, aos perdidos e aos rejeitados estará gloriosamente imune a tudo que tenta sabotar a pureza e o poder do louvor atualmente. É simplesmente impossível servirmos a Deus em oração frequente e evangelismo consistente e permanecermos soberbos, espiritualmente preguiçosos, orgulhosos ou autoindulgentes.

Acredito que qualquer líder de adoração e adorador que desejem ter a unção completa em suas vidas devam se unir à missão de Jesus, que é Intercessor e Reconciliador.

Os dias de carreiras profissionais como compositor e ministro de louvor podem estar diminuindo rapidamente. Isso não me entristece nem um pouco. **Significa que uma grande pureza está prestes a entrar em cena.** Canções e líderes de adoração nascerão novamente nos lugares mais incomuns. Músicas escritas por pessoas no mercado, nas fábricas e nos campos começarão a fluir de novo. Composições com simplicidade sincera, criadas por um homem ou uma mulher "comum", surgirão outra vez. Sentimos **muita** falta delas.

ADORAÇÃO E ORAÇÃO

Toda vez que ouço alguém, cheio de conhecimento de Deus e que vive em oração, com uma autoridade de sacerdócio e realeza, lembro-me do tipo de pessoa que falta no movimento de louvor. **Estamos necessitados de líderes de adoração que se entregaram por completo ao ministério da oração e estão imersos em intimidade e comunhão profunda com Deus.** Mas eles nunca serão formados por meio de uma rotação típica de cultos de domingo, em que só ministram duas vezes por mês. Na verdade, devem ser criados na disciplina diária de devoção e no serviço focado no Senhor.

Precisamos desesperadamente de estufas de oração, onde eles possam ser espiritualmente treinados e desenvolvidos, sem ser prejudicados pela pressão de um culto dominical. Ao longo dos anos, observei que todos os líderes de adoração que carregavam um verdadeiro senso de intimidade e conexão com o Senhor, que podiam fluir no espontâneo ou no profético, e conseguiam romper, mesmo em cenários áridos e difíceis, **quase sempre** tinham algum tipo de história com o movimento de oração. Eu poderia dizer exatamente a mesma coisa sobre os músicos.

Então, se há uma coisa que determinei em meu coração, é que qualquer comunidade de adoração que eu construir, de agora em diante, será **estabelecida sobre oração**. Estou convencido de que essa é a única maneira de levantar líderes e músicos que carreguem a unção, o conjunto de habilidades, o poder e a intimidade com Deus necessários para um verdadeiro romper espiritual.

Se quisermos ministros marcados pela glória, **eles devem encontrá-la**. Além disso, precisam aprender a traçar, consistentemente, um caminho para habitar nela — uma rodovia bem marcada em seus corações, que sempre os leve até lá. É disso que se trata a devoção ao Senhor. **É disso que se trata a oração.** Toda vez que nos entregamos a esse ministério, criamos trajetos internos que nos conduzem ao Reino Celestial de glória e profunda intimidade com Jesus. É ali que realmente descobrimos nossa identidade e autoridade espirituais — **na presença de Sua Majestade.**

Eu poderia escrever muita coisa sobre oração aqui. Mas, em vez disso, vou simplesmente encorajá-lo a ir atrás dos diversos recursos disponíveis sobre esse assunto. Ainda mais, quero incentivá-lo a determinar, em seu coração, que você se tornará uma pessoa movida por essa prática. **É a marca da intimidade.** Dedique-se a uma temporada concentrada nisso e, assim, estabeleça esse fundamento em sua vida.

ADORAÇÃO E A COLHEITA

Sempre houve uma conexão profunda entre a adoração e a colheita de almas. Recentemente, estava assistindo a um documentário sobre um pequeno grupo de missionários no Oriente Médio. Enquanto acompanhava, era quase como se pudesse sentir canções muito poderosas e potentes esperando para serem desenterradas daquele solo de grande entrega e sacrifício — aguardando para serem escritas por meio de vidas concedidas e entregues à proclamação do Evangelho.

A adoração flui para a missão. Na verdade, ela é **a missão.** Outra maneira de entender a Grande Comissão é vê-la como um chamado para "ir e fazer adoradores" (cf. Mateus 28.16-20). Pois eles são fruto do discipulado. Aqueles a quem o Pai procura (cf. João 4.23). **O movimento de adoração deve ser o que conduz o movimento missionário.** Devemos nos tornar, novamente, aqueles que irão, por toda a Terra, pregar o Evangelho de Jesus Cristo — uma comunidade de pessoas que vão para os mercados, regiões perdidas e reinos de escuridão profunda com a tocha do nosso testemunho de Jesus e o poder do Seu sangue.

Nenhum missionário da linha de frente precisa batalhar por sua pureza como os líderes em grandes palcos e ônibus de turismo fazem. Quando adoramos de um lugar onde sabemos que nossas vidas estão em jogo, tendemos a permanecer bem concentrados no que realmente importa. Acredito que estejamos entrando em uma época de perseguição ainda maior como Igreja e comunidade de adoração. Por isso, é necessário nos realinhar em preparação agora. E queimar, como nunca queimamos, para a glória de Deus. Arriscar, como jamais arriscamos. Serão os da linha de frente que levarão isso adiante.

O futuro está no campo — está nas ruas e nos mercados. O futuro está nas reuniões "subterrâneas" de corações não divididos, elevando clamores sagrados e cheios de fé, de louvor e declaração. O futuro são comunidades de oração, de missões e de adoração que trarão uma nova expressão criativa do coração de Deus para o mundo, e do coração da Igreja para Deus. Elas serão pequenas e íntimas, mas seu impacto será profundo e amplo. Serão muito mais eficazes e inovadoras do que jamais poderíamos imaginar.

CAPÍTULO 11

VOLTANDO

Estou convencido de que há uma geração esperando para ser incendiada. Agora mesmo, ela está cultivando e alimentando uma chama interna de amor, paixão e puro fervor por Jesus. Ele **será** seu único e verdadeiro desejo, e o som de suas vidas clamará: **"Tudo é para a Sua glória!"**.[1] Trata-se de um exército de pessoas ocultas, cuja retidão logo irromperá como o amanhecer.

---

[1] N. E.: ASBURY, Cory. **All is for Your glory**. Intérprete: Cory Asbury. *In*: *Magnificent obsession (Onething Live)*. Kansas City: Forerunner Music, 2012. 1 álbum, faixa 2 (77 min.).

Estou certo de que há mães e pais da adoração que permitiram que suas vozes fossem silenciadas, aquietadas e domadas, mas isso está acabando — o Senhor está restaurando a autoridade espiritual deles nesta hora. Também sinto que Ele está chamando aqueles cuja chama "uma vez brilhou"[2], mas a dor da vida, a decepção, o fracasso pessoal e a incompreensão tiraram o vento de suas velas e os levaram à conformidade. Deus está despertando o velho fogo e o fará reluzir mais em seus últimos anos do que no zelo de sua juventude.

Estamos em um momento de purificação. Escrevo este livro em meio a uma pandemia global que fez os cultos, programações, conferências e quase todos os tipos de eventos cristãos serem encerrados. Este é um momento de **reiniciar**. O dinheiro que antes fluía pelas indústrias e empreendimentos que construímos em torno da adoração está "secando". Os ônibus de turismo e locais de encontro estão vazios. Não consigo pensar em uma ocasião melhor do que agora para abandonar as velhas estruturas, odres, vícios, pecados sufocantes, orgulho, ego, plataformas, toda e qualquer coisa que tenha entristecido o coração de Deus.

Enquanto tudo é chacoalhado, temos uma oportunidade preciosa de nos arrependermos e voltarmos ao

---

[2] GREEN, Keith. **Oh Lord, You're beautiful**. Intérprete: Keith Green. *In: So you wanna go back to Egypt*. Capitol CMG Genesis, Birdwing Music e Capitol CMG Genesis, Universal Music: Brentwood Benson Publishing, 1980. 1 álbum, faixa 8 (40 min.).

Senhor; de retomarmos o manto da pureza e, ao passo que regressamos e descansamos, descobrirmos as novidades que Ele deseja fazer em nós e através de nós.

Mas o magnífico prêmio por nosso arrependimento não será a novidade ou o som "novo", tampouco uma versão reembalada e com um rótulo diferente daquilo que é velho.

Será o próprio Jesus. Ele Se tornará nossa porção e prêmio **grande e glorioso**. Cristo é a bebida pela qual nossas almas ressecadas estão sedentas.

Se O tivermos, teremos **tudo. Cristo é tudo**.

Nos últimos vinte anos, sinto que participei de todo tipo de evento cristão que podemos imaginar: instituições de caridade, pequenos grupos, cultos de domingo de manhã, conferências e festivais, acampamentos de jovens, *tours* globais de louvor, eventos de rádio e até mesmo o desejo, ardentemente perseguido e altamente ilusório, de liderar um "estádio" em adoração. Já escrevi canções de sucesso, fiz discos, recebi honras e prêmios. Pertenci ao "burburinho" que se segue à "novidade" e experimentei o calor e a loucura do ímpeto. Conheci vários graus de plataforma, influência e aclamação. Segundo todos os relatos, **tenho vivido o "sonho" do líder de louvor**.

Então, dê-me ouvidos enquanto escrevo isto com uma intensidade e emoção mais parecidas com angústia do que com um senso de realização: **todas essas coisas significam NADA sem Ele**.

Nada disso é precioso para mim. **Eu trocaria tudo por apenas mais um momento com Jesus. Seria o porteiro em qualquer casa onde a Sua presença habite.**

Muitos perseguem o sonho errado, algo vazio. Permita-me um momento eclesiástico enquanto clamo: "[...] Vaidade de vaidades! Tudo é vaidade" (Eclesiastes 1.2). Por isso, digo que as coisas pelas quais ansiamos não são **nada**. Sem o Senhor, são **piores do que nada**. Melhor é um dia em Sua presença do que uma vida inteira de desejos realizados longe dela (cf. Salmos 84.10). ELE é o sonho. A fidelidade a **Jesus** é o sonho! O único sonho pelo qual vale a pena viver!

Estamos em um tempo apocalíptico. Mas se Cristo retornará enquanto ainda vivermos aqui ou se esperará outros mil anos, não faz diferença. Porque, de uma forma ou de outra, no fim das nossas vidas, vamos encontrá-lO e estaremos frente a frente com Ele! Então, a única coisa que importará será uma existência de **devoção em integridade de coração a Deus**. Planos, carreira, plataformas, números, provisão, sucessos, notoriedade... Qual será o proveito disso? Qual será nosso ganho? Se essas ações não foram feitas por total e sincera rendição, amor e obediência, não servirão para **nada! Absolutamente nada**. Serão consumidas por um clarão de fogo (cf. 2 Pedro 3.10).

Se há um momento propício para abandonar qualquer coisa que nos distraia, embarace ou comprometa, **é agora**. Prefiro assumir a posição mais inferior de servo na sociedade do que ser um líder de adoração movido pela carreira no dia de Sua vinda. Quando aquela trombeta soar (cf. 1 Coríntios 15.52) e o céu for enrolado como um pergaminho (cf. Apocalipse 6.14), quero estar puro, fervoroso, livre de tropeços e alegremente engajado nas atribuições que Ele me deu.

Este livro é meu apelo, e o estou escrevendo com todo o meu coração. Esta é minha tentativa de ser uma voz fiel em nosso tempo. Confesso que, às vezes, pergunto-me se já não é tarde demais. Porém, também acredito que cada dia que recebemos nesta Terra pode ser de redenção. E nenhum desses dias deixa de ter frutos; é isso o que aquele criminoso crucificado ao lado de Jesus nos prova (cf. Lucas 23.39-43). Mesmo **uma hora** de retorno, em integridade de coração ao Senhor, pode fazer toda a diferença, **por toda a eternidade**.

Neste momento, Deus está purificando os filhos de Levi:

> [...] Porque ele é como o fogo do ourives e como o sabão dos lavandeiros. Ele se assentará como derretedor e purificador de prata. Purificará os filhos de Levi e os refinará como ouro e como prata. E eles trarão ao Senhor as ofertas justas. (Malaquias 3.2-3)

Então, venha! Voltemos para o SENHOR! Rasguemos nossos corações, e não nossas vestes! Vamos nos santificar e declarar uma assembleia solene (cf. Joel 2.13-15)! Um momento marcado para abandonar tudo o que nos corrompeu, **também** para uma nova consagração e rendição em plenitude. Deste dia em diante, sejamos ministros d'Aquele que só queima com **"amor incorruptível"**.

O mundo está faminto por adoração.

Ele anseia por conhecer e glorificar Jesus.

A Criação está simplesmente esperando que nos livremos de todos os obstáculos, pesos, pecados e excessos religiosos; que **fixemos nossos olhos em Jesus** e O adoremos de maneira tão radical, extravagante, profusa e gloriosa, a ponto de colocar em risco nossa existência.

Este é o objetivo da própria vida: que os adoradores puros, verdadeiros, cheios do Espírito e íntegros de coração **se levantem**.

SOBRE O AUTOR

Jeremy Riddle é pastor, líder de adoração e compositor. Ele carrega uma paixão profunda pela glória de Deus e por Sua Igreja. Seu coração queima por ver a pureza sendo restaurada. Natural de Nova Jersey, Jeremy foi introduzido à adoração contemporânea quando era um menino de doze anos, por meio da Jocum (Jovens com uma Missão).

Não muito tempo depois, Jeremy e sua família se mudaram para o sul da Califórnia e começaram a frequentar a Vineyard Anaheim, onde ele continuou a crescer como ministro de louvor e compositor. Aos vinte e três anos, aceitou sua primeira posição no ministério de tempo integral em sua igreja local, como pastor júnior. Foi durante seus seis anos nessa função que sua paixão pela Igreja e seu chamado para discipular líderes de adoração se solidificaram e se aprofundaram.

Em 2009, Jeremy e sua família se mudaram para Redding, Califórnia, onde frequentaram a Bethel Church e passaram a fazer parte do Bethel Music Collective.

Depois de quase uma década, a família Riddle sentiu que Deus os direcionava a voltarem para o sul da Califórnia. Esse não era o plano original, mas eles retornaram para a equipe da Vineyard Anaheim. Atualmente, servem como pastores de adoração, oração e criatividade e, assim, contribuem para o renascimento do movimento regional e global desses ministérios, focados na devoção ao Senhor com integridade de coração.

Jeremy e sua esposa, Katie, têm cinco filhos incríveis, os quais eles consideram sua maior atribuição e legado ministeriais.

Saiba mais sobre Jeremy em: *jeremyriddle.com.*

Este livro foi produzido em Adobe Garamond Pro 12 e
impresso pela Gráfica Promove sobre papel Pólen Natural 75g
para a Editora Quatro Ventos em junho 2025.